俗語有話

商務印書館

俗語有話

作　　者：吳瑞卿

插　　圖：阿東　阿健

責任編輯：盧雁君

封面設計：張毅

出　　版：商務印書館（香港）有限公司
　　　　　香港筲箕灣耀興道 3 號東滙廣場 8 樓
　　　　　http://www.commercialpress.com.hk

發　　行：香港聯合書刊物流有限公司
　　　　　香港新界大埔汀麗路 36 號中華商務印刷大廈 3 字樓

印　　刷：陽光印刷製本廠有限公司
　　　　　香港柴灣安業街 3 號新藝工業大廈 3 字樓 G 及 H 座

版　　次：2010 年 6 月第 1 版第 1 次印刷
　　　　　© 2010 商務印書館（香港）有限公司
　　　　　ISBN 978 962 07 1899 1
　　　　　Printed in Hong Kong
　　　　　版權所有　不得翻印

前言

　　廣東話難學是公認的，原因之一是粵語九聲，當中的入聲，非粵語區人頗難掌握。此外粵方言的詞彙和表達用語與書面語或普通話有很大的分別，好多是沒有文字的口語。很有意思的是廣東話不但保留了很多古音，還保留很多古代用語。

　　不時有朋友問：明明是"買房子"，為甚麼廣東人偏説"買屋"？殊不知粵語裏的"房"和"屋"分得很清楚，保留了古代的用辭："屋"是整座宅舍，"房"是屋裏的居室。最明顯者，古代道家講男女交合叫"房中術"，而不是"屋中術"。"房中術"一詞最早見於《前漢書》。今天書面語我們仍用"房事"而不是"屋事"。家人都在屋裏，各有自己的房，這事兒不在房裏做而在屋中做，怎成呢？"屋"源於"幄"，是上古時代先民居住的帳幕，一家人住在裏面。今天我們仍説屋頂、屋脊、屋主、屋簷，也説明屋是整幢房舍，古代稱為屋舍。晉代陶淵明《桃花源記》裏面就有句曰："屋舍儼然"。

　　《俗語有話》是我為香港電台撰講廣東俗語古老源流之文化教育節目"俗語有話"和"再話俗語"的結集。

　　兒時讀書有作文課，學習寫文章要有起承轉合，當中最常用的典型乃以"古語有云"為起。例如："子曰：三人行必有我師焉。"古語都不是杜撰的，但出於何經何典就不再深入考查了。

　　日常生活中我們不引古語，卻常常提起俗語。例如："做人不要作傷天害理事，俗語有話：善有善報，惡有惡報。"究竟這俗語是誰説的，從何而來，一般都不會深究。

　　引用古語或俗語，從一個角度看，或許顯示中國人習慣訴諸權威，換一個角度則可見中國累積豐厚的文化智慧，根深理明，經歷千百年的考驗，融入現代生活之中。俗語，顧名思義是通俗，是民間相傳的俗話、口頭語，但如果追查俗語的來源，當中可能大有學問和歷史文化淵源。正因為想到從這方面做深入淺出的文化節目，既有意思又有趣，當年我向香港電台提出來，被接受了。

內容易辦，其時我在香港中文大學工作，圖書館近在咫尺，但選題和節目構思卻極費思量。用傳統的表達方式，長篇細論歷史典故，恐怕聽眾會嫌老氣。我和監製終於選擇了一個頗具挑戰性的設計：每講不超過三分鐘，內容要古今相繫，並包括一段現代語境對白。隨後港台還邀請另幾位客座主持人，製作兩三分鐘一輯不同主題的系列節目，分別放在早上黃金時段播出，總名"快趣資料室"。"俗語有話"之後我又續講了"再話俗語"系列，這是我替港台撰講節目中自己最喜歡的。本書的底稿，由此而來。

　　蒙商務印書館邀約，最初我想：有關俗語典故的書坊間不少，值得多此一本嗎？後來才知箇中道理，這一百多條目都是我為電台節目精挑細選，與香港人日常生活相關，既通俗又有歷史文化意義的俗語。廣東人讀來應感到親切有趣，從而得知很多看似通俗的廣東話，原來有極深的底蘊。我在語境對白中，加入相應的粵語普通話字詞對照，讀者會發現令他們不解的俏妙粵語俗話，原來如此！

　　書內條目原先是為電台節目隨機選取的，編書時我們也不想嚴肅地着意分類。內容都經過認真查證，較易讀的原文則保留，較艱澀的則取其大意，因為這不是一本辭典或學術著作，而是希望讀者可以隨手翻閱，讀來輕鬆的趣味小書。若能算是通識教育，乃我所願。

　　感謝好友楊鍾基教授和高美慶教授鼓勵及嚴加指正，好友梁天偉教授和榮鴻曾教授為本書作序，商務印書館張倩儀女士和毛永波先生用心支持。

　　阿東和阿健，臥虎藏龍漫畫人，既不收酬勞又不願出名。兩位年青朋友義助，為本書加插幽默傳神的漫畫，衷心感激！

吳瑞卿

2010 年 5 月 22 日

序一

俗語──鄉土文化的美食

粵語是廣東人的母語，亦是中國最古老的方言。據考究，粵語是中土民族大遷徙之後，植根於廣東的。

廣東俗語是廣東人世代相傳的集體經驗和智慧的結晶，更是粵語中的精粹。這些俗語的題材廣泛，思想活潑，風格幽默，形式凝練，比一般詞語更能反映廣東人講話時的特色，更能體驗廣東人的風土人情和風俗習慣。

吳瑞卿博士精心編寫，讀者可以清楚知道每一句俗語的出處，及其歷史背景，又可從語境對白來理解俗語的涵意和用法、從粵語普通話詞語對照中認識到廣東話和普通話的共通處，了解文字與方言之間的關係。

為本書作序有一個特別的原因：我與吳瑞卿有超過三十年的交情和友誼。我們相識於當年共事的商業電台，有唸歷史的相同背景，共同關心傳媒的社會責任和文化功能，並且合作過一些資訊教育節目。後來瑞卿回到大學工作及研究院攻讀，但這麼多年來她未間斷過在傳媒的活動，先後為香港電台撰講多個文化教育系列節目，"俗語有話"乃其中之一，本書就是該節目的內容結集。由於瑞卿兼具學術訓練和傳媒經驗，既能嚴謹地通過典籍尋根究底，又能深入淺出地表述意念，可以讓聽眾讀者輕鬆地吸收知識。

書中列舉的一百三十多條目，都是廣東人常用的口頭俗語，內容豐富多彩，生動活潑，博古通今，是作者為廣大讀者奉獻的一份豐盛的鄉土文化美食，值得大家一再享用。

梁天偉

樹仁大學新聞與傳播學系

教授‧系主任

資深傳媒人

2010 年 3 月 25 日

序二

志同道合 —— 尊重口語和俗語的價值

老友記吳瑞卿的新書讀之樂趣無窮，細想則含有深意。書中一百三十多條的俗語，是粵人日常說的"話"。但是俗語未必"俗"，而粵人的"話"也大有來頭。瑞卿先以實例指出每條俗語在今天粵人閒談中的用法和含意，然後追根尋源，探古索今，從四書五經、二十四史，到唐詩宋詞雜劇小說，找出該條俗語的文本源頭，深入淺出予以解釋，除了使人感歎粵人說話詞語的豐富，以及中國文學浩如煙海之外，更領略到"雅"與"俗"互通，"文"與"話"相連，粵人口語是最好的例子。《俗語有話》書名既是口頭禪，又點出書的內容和著者對語言文化的哲理。

瑞卿以電子郵件問我肯否為她的新書寫序，自然一口答應。再細讀郵件中內容簡介，及看到原稿後，才明白她讓我寫序的深意。

可知道，這位才女不簡單：擁有文學博士之外，已編著多本甚受讀者歡迎的書，又是多種雜誌報章的專欄作家，更是資深電台節目製作兼主持人，美國國務院的約聘專業翻譯。她學貫中西，博讀今古，"粉絲"無數，且交遊廣闊，知己滿天下。她的新書要一位有響噹噹知名人士來寫序大有人爭着做，卻為何找我這個常居海外，默默無名的讀書人、教書匠？除了深切的友誼外，其實還有故事，請容許我細細道來，權作本書的序。

遠在 1974 至 75 年間，我在香港進行粵劇研究，論文導師哈佛大學的趙如蘭教授剛好也在崇基書院作訪問學者，住在隔火車站幾步路的教員宿舍裏，我就在那裏借住。許多中大學生都聞趙教授大名來拜訪，她宿舍裏經常很熱鬧，我也因此認識不少中大的年青朋友，瑞卿是其中之一。

真正和瑞卿認識始自 1978 年我任教中大音樂系，有了自己的宿舍；學生、同事、校外朋友等經常團聚開大食會，當然也包括當時在崇基學生輔導處任職的瑞卿。她性格開朗，待人熱情，多方面的興趣也包括音樂，因此我們天南地北的談得特別高興，尤其發覺互相對音樂的價值觀相似，都深信所有音樂：雅的、俗的、靜的、吵的、個人喜歡的、不喜歡的，都各有其特殊的文化價值、歷史因素和社會定位，都值得注意和認識。一天，她問我有無興趣合作在電台上做中國音樂節目？既然兩人看法相同，合作必能和諧愉快，我欣然答應。我們又共同討論，給節目起了名字，叫"中國音樂花園"，用以強調在花園中一枝一葉、一花一草，香味濃或清、顏色艷或淡，都值得我們珍惜、栽培。音樂的花園何嘗不應如此？從高雅的古琴崑曲，到充滿泥土氣息的南音木魚，甚至一般不被納入音樂殿堂的勞動號子和佛堂頌經，都值得認識和介紹。我們的節目以閒談問答形式進行，輔以許多音樂錄音，每星期一小時節目，二十個星期轉眼完成，我們的友誼也更深一層。

瑞卿和我對各種音樂一視同仁的看法不謀而合，對語文亦然。記得小時候上中文課，讀古文、詩詞、白話的小說文章等等，就是奇怪為甚麼天天講的話倒沒有書面文字表達？後來知道有方言文學，但是很少被提及，且不被認為是正統，我也明白到引起此現象的種種歷史政治文化因素。八十年代我轉到匹茲堡大學，我和瑞卿雖然很少見面，卻偶然通信。不記得是誰起的頭，我們用廣東話口語寫信，就像面對面講話般，又自然，又有趣，又新鮮，傳神傳情。碰到許多有話無字的口語俗語，就找一個同聲字隨意加個口字旁，只要相互明白就是，瑞卿遂成為口語書信知己。

很多年後，瑞卿和我才正式在學術上緊密合作。是新世紀初吧？我決定好好的把《帝女花》原劇本修正確定，然後以此為依據發表英語版，當時立刻找到瑞卿合作。唐滌生華麗的字句引經據典，可不容易翻譯；瑞卿以她深厚的文學根底，貢獻殊大。中文劇本更依據唱片版把演員們的口語，尤其梁醒波的風趣爆肚話，都包括在內，使劇本更生動活潑，儘量保存舞台演出的氣氛，也顯示了瑞卿和我對口語和俗話的尊重，予以書文的記錄。

最近幾年，我又有幸得到瑞卿協助，把我早年安排已故瞽師杜煥在上環富隆茶樓唱南音、龍舟、板眼等廣東民間説唱所錄的四、五十小時磁帶陸續整理出版。南音經典作品如《客途秋恨》，稀人唱的如《女燒衣》，杜煥自創曲《失明人杜煥憶往》，或坊間從未見聞而只在妓院流傳的板眼曲《兩老契嗌交》等，都是寶貴的方言文學。瑞卿和我志同道合，把杜煥的口頭說唱記成文字，確實下了點心機和功夫。

　　我們深信廣東民間說唱是研究地方藝術，方言及方言文學的重要見證，其歷史，文化，和社會價值無可衡量，《俗語有話》就是實例。

榮鴻曾
美國匹茲堡大學
音樂學教授
2010 年 4 月 10 日

俗語索引表

(詞條按首字筆畫數從少到多排列)

一人得道，雞犬升天

甲： "難怪那些少女熱衷選美，這位美貌小姐冠軍嫁了大富豪，連父
母都由屋邨搬到別墅，哥哥開公司，妹妹開時裝店。"

乙： "真是**一人得道，雞犬升天**！可惜我沒有女兒呀！"

"一人得道雞犬升天"諷刺人得權勢之後，親朋戚友都利用
他的地位而取得各種利益，飛黃騰達起來。典故出於西
漢淮南王劉安的故事。劉安是漢高祖劉邦的孫子，能書善文，也
是一位文學家和思想家。劉安篤信道家，在家煉丹，期望吃仙丹
可以得道成仙。他所著的《淮南子》有很多神仙傳說。

晉代葛洪的《神仙傳·劉安傳》記述了劉安煉丹升仙的故事：

劉安尋仙問道，路上遇到八個老翁，拜了他們為師，學煉丹
之法，然後在家煉丹。有一天，仙丹剛煉好，劉安正準備服用，
卻因為有人向漢武帝告他謀反，官兵到來捉拿。劉安求教於八
位師傅，師傅們說你可以服丹成仙，飛升天上了。劉安於是召集
家人親友，同服仙丹，然後大家飛天成仙。劉安的煉丹爐就在庭
院裏，爐內殘餘的丹藥被家裏的雞狗吃了，結果連雞狗都一起升
仙。

故事當然是編造出來的，但依附權勢，借一人之得道，身邊
的阿貓阿狗也以為自己地位都高起來，這些人在現實社會上，其
實也不少。

一本通書睇到老

母："你表姐結婚，講禮數，我要送一對龍鳳鐲給她。"

女："媽媽！現在不流行龍鳳鐲，最實際送現金。時代變了，講禮數也不能**一本通書讀（睇）到老**啦！"

"通書"即曆書，在帝皇時代又稱為皇曆。曆書最早與農耕有關，內容有四時節令，天文、占卜等資料。曆數每年不同，曆書每年更新。後來曆書加入了生活知識和資料，儼然一本老百姓可作參考的精簡生活百科全書，故稱為"通書"。

通書由各地不同的出版商印刷出版，除曆法時令節氣等基本內容外，其他選材各有不同。較厚重的通書，傳統上輯有《三字經》、《千字文》、《百家姓》、《二十四孝》、《朱子治家格言》、《增廣賢文》之類。民國初年的通書有的加入新知識，如《華英通語》、《營謀小集》之類實用手冊，還有《海潮漲落》、《日蝕月蝕》、《小兒受胎圖》等普及科學知識。

通書最重要的一部分內容用以占卜，所以也會收錄《周公解夢》、《劉伯溫燒餅歌》、《諸葛神算》、《黃大仙解籤》，以至看掌看相的基本圖解等。通書首頁之"春牛圖"預測當年的雨水天氣：如牧童穿鞋即表示天旱；赤足則預測多雨。農夫最為注意，知所警惕。

在廣東地區，通書稱為"通勝"。粵人迷信，"書"與"輸"諧音，人皆求勝不要輸，"通輸"意頭不好，故改稱"通勝"。隨科技進步，通書也與時俱進，近年流行電子版，稱為"電子通勝"。

曆數每年不同，去年的通書今年已不合用，所以"一本通書睇到老"，當然是落伍和不通的了。

一流 · 九流

"我吃東西從不計較地方佈置，管他格局**九流**，只要食物**一流**就成！"

春秋戰國時期有"九流十家"，是當時的主要學說流派。

"九流"是儒家者流，道家者流，陰陽家者流，法家者流，名家者流，墨家者流，縱橫家者流，雜家者流和農家者流。"九流"加上小說家，就是"十家"。"九流"最初指上述九種流派，後來成了廣泛的形容詞，指眾多的學說。

到三國時期，"流"字已多用作歸類，例如同一流的人，就是同一等級或同類的人。三國魏人劉邵《人物誌·接識》中提及："故一流之人能識一流之善，二流之人能識二流之美。"所謂"一流歸一流"，只有同等水平的人，才能明白同一水平的物事。"第一流"當然是頂尖的意思。

"九流"其實最初只是用來形容那些在人群當中無大用者。《南史·梁武帝本紀》記載天監四年梁武帝曾下令："自今九流常選，年未三十，不通一經，不得解褐。""解褐"是脫去布衣換上官服。梁武帝的意思是從今以後選拔九品官員，年輕而沒有學問的不得入選。

對於人或物事，我們常以"一流"來形容其超卓，"九流"則評價其質素低下。"一流"與"九流"之間，偶爾也有用二流、三流，但卻很少用到四流、五流、六流、七流和八流。

廣東話形容人低能，或者做事效果差時就會說："真係九流！"

一登龍門

妻：“電視上那個發言的高官，不就是以前我們鄰居的兒子‘寶寶’？”

夫：“對呀！想不到當年木屋區的小子，今天**一登龍門**，聲價十倍。有出息！”

“龍門”是地名，相傳本來稱為龍關，是黃河邊的一座山，山的一半在河東（今山西境內），一半在河西（今陝西境內）。據說夏禹治水的時候在這開鑿了一處山口，讓黃河水穿山而過。黃河流過這缺口時像穿過兩扇大門，所以後來改名為龍門。龍門地勢由高而下，水勢甚急。相傳黃河的鯉魚每年會從下游往上游，都要試躍龍門。成功跳上龍門的鯉魚就會變成龍，跳不上的就碰得一額頭灰回來。

這是“鯉躍龍門”的故事，早在《爾雅》和《水經注》兩本古書已有記載。

《水經注·河水》篇：“三月則上渡龍門，得渡為龍矣，否則點額而還。”黃河鯉魚額上都有一白點，傳說就是因為跳不上龍門碰着額頭的結果。

中國在科舉時代，“龍門”是考試入仕的關。試場的大門稱為“龍門”。科舉高中萬中無一，絕大多數士子都落第而回，就像黃河鯉魚一樣，成千上萬的鯉魚只有極少躍上龍門變成龍，其餘的帶着額上一點白回來。唐代詩人白居易在《長慶集》一首寫給朋友的詩《醉別程秀才》中有“五度龍門點額回”之句，就是說五次考試都落第了。

鯉躍龍門和士子考試通過龍門關一樣，難於登天。過關者聲望大起，登入龍門，眾人皆羨。唐代大詩人李白十分景仰荊州韓朝宗，他在一封著名的書信《與韓荊州書》中稱慕說：“一登龍門，則聲價十倍。”自此成為名句。

李白另一首詩《贈崔侍御》也有兩句：“點額不成龍，歸來伴凡魚。”這就較少人提及了。

一蟹不如一蟹

體育老師:"這一屆校際運動會,我們的成績比去年差遠了!"

音樂老師:"校際音樂節還更慘,以前我們拿過多少次冠軍?今年三甲
都不入。唉,看來學生真是**一蟹不如一蟹**了。"

"**一**蟹不如一蟹",比喻一代不如一代。為何是蟹而不是魚、蝦或其他東西?原來典故與蟹有關,出於宋代蘇東坡《艾子雜說》裏一則有關艾子的故事:

"艾子行於海上,見一物圓而扁,且多足,問居人曰:'此何物也?'曰:'蟛蜞也。'既又見一物,圓扁多足而差小,問居人曰:'此何物也?'曰:'螃蟹也。'又於後得一物,狀貌皆如前所見而劇小,問居人曰:'此何物也?'曰:'彭越也。'艾子喟然歎曰:'何一蟹不如一蟹也!'"

蟛蜞、螃蟹和彭越外形相似,只是大小不同,艾子先見大者,然後愈見愈小,故感歎為何一蟹不如一蟹。這當然是蘇東坡説的寓言。

到了金代,王若虛《滹南遺老集》評論前人文學就用上這比喻:"晏殊以為柳勝韓,李淑又謂劉勝柳,所謂一蟹不如一蟹。"

七國咁亂

母："嘩！幹麼把家裏頭搞到**七國那麼亂**呀！"
子："不是吧，媽媽！最多只是兩三國那麼亂吧！"

廣東方言常常用"七國咁亂"來形容事情或者地方亂七八糟。"咁"是"那麼"的意思。

為甚麼"七國咁亂"，八國、九國、十國又如何？很多人都知道春秋戰國有"七國之亂"，後被借喻。其實中國歷史上有兩次"七國之亂"，都是極端的亂世。

第一次"七國之亂"在戰國時期，當時秦、楚、燕、齊、趙、魏、韓七國諸侯拒絕聽命周天子，紛起爭霸，戰亂四起，最後由秦統一天下。這七國諸侯，稱為"戰國七雄"。

第二次"七國之亂"在西漢初年，割據一方的諸侯王國勢力漸大，威脅中央集權的漢皇朝，漢景帝採用削諸侯封地的政策，引起諸侯叛變，最後由名將周亞夫所平定。當時叛變的諸侯主要有吳、楚、膠西、膠東、淄川、趙、濟南七國，後世稱為"吳楚七國之亂"。

無論源自戰國或是西漢，諸侯爭霸叛變都造成亂世，後被借喻事情到了"七國咁亂"的地步，就難以收拾了。

七情六慾

甲："真是新聞！兩個和尚先是吵架，繼而動武，打得頭破血流！"

乙："要説我們凡人有**七情六慾**，怎麼和尚都那樣動氣？"

人為萬物之靈，有豐富複雜的感情，因而有別於禽獸。人的感情複雜，因此俗話常説人有"七情六慾"。有人以為此詞源於佛教，其實在中國古書早已出現。《禮記・禮運》列出人與生俱來七種本能性的感情："何謂人情？喜、怒、哀、樂、愛、惡、欲，七者弗學而能。"換言之就是人之常情。

佛教以喜、怒、憂、懼、愛、憎、欲為"七情"，見於佛教經書之"七情"要比《禮記》晚。

中國傳統醫學相信慾望會影響健康，必須調理得宜。明代朱橚等編的《普濟方》明確指出："七情者，喜、怒、憂、思、悲、恐、驚，若將護得宜，怡然安泰；役冒非理，百病生焉。"這大抵與今天的心理治療有異曲同工之處。

"六慾"(通"欲")出於《呂氏春秋・貴生篇》談養生之道："所謂全生者，六慾皆得其宜也。"後人註解"六慾"為："生、死、耳、目、口、鼻也。"

佛經也有"六欲"一詞，見於《大智度論》卷十二，佛教把色欲、形貌欲、威儀姿態欲、言語音聲欲、細滑欲和人想欲，合稱"六欲"。

在粵語裏，形容人作出假的感情或感受為"七情上面"。這並不是説這人情感外露，而是假惺惺到表面化的狀態。

八卦

妻： "**八卦**雜誌説，原來那個天王歌星早已結婚生子，就是不承認罷了！"

夫： "我就不明白，人家結婚生子，你多管啥閒事（你咁**八卦**做乜）？"

在古代中國社會，"八卦"與人的生活密切相關。前人對天地物事沒有足夠的科學去解釋，往往靠占卜星相指引。"八卦"是占卜最重要的一環。

"八卦"是《周易》八種基本圖形，相傳為伏羲氏所創造。唐代李昉等集古書佚文所編修的《太平御覽》卷九引《王子年拾遺記》："伏羲坐於方壇之上，聽八風之氣，乃畫八卦。"

"八卦"的"卦"是由"爻"所組成的，"爻"是兩個基本符號，一是陽爻，是一條短線，另一是陰爻，與陽爻長短相同但分為兩截的短線。《周易》占卜，用三個陰陽爻排列成為一卦，共成八種組合，稱為"八卦"。每一卦各有名稱，即乾、坤、震、巽、坎、離、艮、兑，分別代表天、地、雷、風、水、火、山、澤八種自然物事或現象。每兩卦，亦即每兩種物事都是相對的：乾（天）對坤（地）、震（雷）對巽（風）、坎（水）對離（火）、艮（山）對兑（澤）。"八卦"中以乾、坤兩卦最為重要，因為是萬物的起源。"八卦"同時代表八個不同的方位。

傳統占卦，爻是用艾草排列的，原本用以記事，後來才用以占問事情。古人用"八卦"的組合，預測自然和人事的變化，天下事無所不知。

香港人用"八卦"來形容有些人四處打聽與己無關的消息，專管別人閒事，或探聽和傳播他人隱私，實在頗為傳神。

香港流行一種娛樂週刊，專事揭秘和報導明星名人的私生活，俗稱"八卦雜誌"。香港人更將形容詞引申為動詞，例如説要打聽一些事情，可以説"去八卦一吓"，或再簡化地説"去八一八"！

九大簋

甲:"今晚我請大家吃頓飯!"

眾人:"好!慶祝你升職加薪,今晚我們一定要吃大餐(食**九大簋**)!"

"九大簋",形容餐宴十分豐盛。廣東俗語保留很多古詞古語,此乃一例。

"簋"是古代的食器,早在《詩經》已有記載。《詩經·秦風·權輿》:"於我乎,每食四簋。"

東漢許慎《說文》解釋,"簋"是"黍稷之方器也。"

簋的形制有圓有方,近世考古發現的簋,較早時期的多是瓦製,後來更多銅製品,圓形更為常見。

簋也是古代祭祀宴享的盛器。唐代陸德明《經典釋文》:"內方外圓曰簋,以盛黍稷,用貯稻粱,皆容一斗二升。"可見簋是頗為大型的。

"九"是中國人愛用的數字,根據《周禮》,古代祭祠時用"九飯",先後行三禮;每一禮用三飯來祭祀,共為"九飯"。又例如周朝天子以"九鼎"為權力象徵。

"九大簋"喻意餐食豐盛,並不一定是實數有九大盤。廣東人不用"九大碗"或"九大盤"而用"九大簋",保留相當古意。

人心不足**蛇吞象**

甲：“這個人表面風光，原來那個女人這麼多年來已經送了不少錢給他，他還要爭人家全部財產，太狠了吧！”

乙：“這叫做**人心不足蛇吞象**，不然坐擁數億，風流快活，現在他身敗名裂！”

中國民間流傳一個兒童故事：一個名叫象的小孩子，上山砍柴時遇到一條大蛇。蛇告訴象已餓了三天，好心的象就把食物分了一半給蛇。蛇吃完了還説不夠，象就連自己留下的一半食物也給了蛇。蛇胃納開了，最後連象也吃掉。可是蛇因為吃得太飽，爬不動，給來找象的村人捉到，破了蛇腹救回好心的象。這是“人心不足蛇吞象”。

在中國古代神話裏，“蛇吞象”的故事記載在《山海經》、《淮南子》和其他筆記書籍；象不是小孩子，而是真的大象。傳説古代到處都是荒林野嶺，毒蛇猛獸為患，侵襲人畜，當中最可怕的是“封豕”和“長蛇”，被人們稱為二害。“封豕”是一種長牙利爪，力大兇惡的大野豬，“長蛇”又稱修蛇或巴蛇，在很多地方都有出沒。這種蛇非常巨大，據《山海經》的説法，洞庭湖的一條巴蛇，一口就吞下一隻大象。最後幸虧有一位名叫羿的勇士，射殺了封豕，斬了巴蛇，為民除去二害。

各種書籍對“蛇吞象”的神話説法略有不同，但大致都離不開上面的故事模式，後人就用“封豕長蛇”來比喻暴戾的侵略者。

神話中那條吞了一隻大象的巴蛇也不好受，牠消化了三年，才慢慢把象骨吐出來。“人心不足蛇吞象”後來被用作形容人不自量力，或者貪得無厭，得寸進尺。

三教九流

夫：“最近我們這幢大廈閒雜人等進出愈來愈多，你跟囡囡要小心呀！”

妻：“這個區本來**三教九流**，甚麼樣的人都有。自從樓下開了那家甚麼會所就更差，小心都沒有用，我看還是搬家好了。”

每一個人都有各自的家庭背景和職業，但社會上有些人卻是來路不明，而且背景複雜，例如從事的職業見不得光，即俗語所謂“撈偏門”或是“黑道中人”。一般人用“三教九流”來形容這類人。

“三教九流”本來是兩個詞，即“三教”和“九流”，最早見於《漢書·藝文志》，指三大教和九種學說，原是十分正派的，並沒有今天比喻“邪門”的意思。“三教”指儒教、釋教和道教；“九流”指春秋戰國時期的九家學說：儒家、道家、墨家、法家、陰陽家、縱橫家、名家、雜家和農家。

後來，“三教九流”泛指社會諸色人等。例如《水滸傳》有兩處用到“三教九流”：“原來董平心機靈巧，三教九流，無所不適。”“其人則有帝子神孫，富豪將吏，並三教九流，乃至獵戶漁人，屠兒劊子，都一般兒哥弟稱呼，不分貴賤。”

又在《官場現形記》第二十四回黃胖姑自噓：“北京城裏上下三等，九流三教，只要些微有點名氣的，誰不認得我黃胖姑？”

時至今日，形容某人是“三教九流”，一般是負面貶語。

三姑六婆

夫：“喂！老婆，幹甚麼？那麼大的一口黑鍋掛在窗口？”

妻：“最近我渾身不自在，搓麻將輸多贏少，隔鄰王太太説對面那幢新大廈三尖八角的，風水不好，剋我們這屋，教我掛一個黑鍋阻擋就沒事。”

夫：“你不要聽那些**三姑六婆**的迷信事了！要是每家都聽她的，整條彌敦道豈非掛滿黑鍋！”

廣東話形容人多管閒事，愛好打聽別人情況，謂之“諸事八卦”。（參見本書“八卦”條目）

香港人常常用“三姑六婆”來形容“諸事八卦”的女人。

“三姑六婆”是甚麼呢？《辭源》引明代陶宗儀《輟耕錄》中“三姑六婆”條，“三姑”指尼姑、道姑、卦姑；“六婆”是牙婆、媒婆、師婆、虔婆、藥婆、穩婆。

“三姑”中的尼姑、道姑一般人都熟悉，卦姑是替人占卦問卜的女人。

“六婆”中，牙婆是指以介紹人口買賣為業的婦人。媒婆是專門替人撮合婚姻的女人。師婆是宋代一些類似女巫的女人，專門替人疏通陰陽，即廣東人所説的“問米婆”。虔婆是開妓院養妓女的鴇母，是宋、元時期最流行的通稱。藥婆是使用草藥而自稱可以替人治病的女人。穩婆即接生婦。

“三姑六婆”其實都是在古代傳統社會的婦女職業，她們認為自己所幹的是專業，因為別人是幹不來的。可是從前婦女地位低，不受社會尊重，這幾種職業又都被視為低賤的工作，所以帶有歧視的意味。

由於這些婦女所幹的，所料理的都是別人的事，後來引申比喻多管別人閒事，專門替人出主意的女人為“三姑六婆”。

三十六着，走為上着

甲：“老王來啦，快走吧！”

乙：“為甚麼？你欠他的債？”

甲：“你不知道他最近轉行賣保險嗎？他可能抓住你講一個鐘頭，勸你買保險。還是**三十六着，走為上着**啦！”

“三十六着”，亦即“三十六計”。“走為上着”，有時也説“走為上計”，指在眾多策略當中，溜走脱身是上策。

很多人誤以為“三十六計”出於《孫子兵法》，其實不然。“三十六計”是古代相傳的戰鬥計策；三十六本為虛數，表示多的意思，後人加入一些成語或俗語，湊成“三十六計”。

三十六計是：瞞天過海，圍魏救趙，借刀殺人，以逸待勞，趁火打劫，聲東擊西，無中生有，暗度陳倉，隔岸觀火，笑裏藏刀，李代桃僵，順手牽羊，打草驚蛇，借屍還魂，調虎離山，欲擒先縱，拋磚引玉，擒賊擒王，釜底抽薪，混水摸魚，金蟬脱殼，關門捉賊，遠交近攻，假道伐虢，偷樑換柱，指桑罵槐，假痴不癲，上屋抽梯，樹上開花，反客為主，美人計，空城計，反間計，苦肉計，連環計，走為上計。

究竟“三十六計”是誰發明的，計出於何典故？基本上只是湊合附會而已。

三魂七魄

警察："太太，你記得在樓梯搶你錢包那賊人的樣貌嗎？"
被搶者："我見到他那把刀，已經嚇得**三魂**失了**七魄**，怎敢看他？"

古代中國社會人們相信人死後變鬼，即使今天科學時代，仍然有人相信鬼魂的存在，認為人是有魂魄的。

若然有人失戀或遇到甚麼傷心事，顏容憔悴，精神無法集中，我們用廣東話會形容這個人"失魂落魄"。見到一個人慌慌張張，不知所措，我們會形容為"三魂唔見咗七魄"，意思是"三魂"和"七魄"都不見了。為何是"三魂七魄"，又不是"四魂六魄"呢？

魂魄的觀念源於道家，道家說人有"三魂七魄"。《抱朴子》、《黃帝內景經》等道家重要典籍都有魂魄的解釋。

《抱朴子‧地真》："欲得通神，當金水分形，形分則自見其身中之三魂七魄。""三魂"者，爽靈、胎光、幽精。至於"七魄"，則各有名目，其中一說是：尸狗、伏矢、雀陰、吞賊、非毒、除穢及臭肺。古代中醫認為肝屬東方木而藏魂，肺則屬西方金而藏魄，而道教則以三為木，四為金，所以後來附會成為七魄。反正魂魄不齊，人就不正常了。

明代施耐庵《水滸傳》第一回："驚得太尉三魂蕩蕩，七魄悠悠。"就是驚慌至失魂落魄的意思。

"三魂七魄"已成了生活慣用語，沒有迷信成分。做事要集中精神，失魂落魄就不妙了。

大手筆

妻：　"我今年業績不錯，除了獎金，老闆還獎我一次旅行，地點任選，
　　　可以帶老公你一道去呀！"

夫：　"這麼**大手筆**？"

"大手筆"在現代俗語通常用以形容人家出手闊綽，但此詞
的起源本來與金錢無關。

"大手筆"原指重要的著作或文書，詞出於《晉書・王珣傳》
晉代書法家王珣的故事。一夜王珣夢見有人相贈一枝像椽柱那麼
大的筆，醒後告訴友人："可能很快就有大手筆的事發生了。"不
久，皇帝駕崩，所有哀冊謚議等重要文書，都由王珣撰寫，應驗
了他夢見"大手筆"之事。

《陳書・徐陵傳》也說："世祖高宗之世，國家有大手筆，皆
陵草之。"這裏的"大手筆"，也是指國家重要文書。

"大手筆"也曾經是名作家的代稱。唐代蘇頲和張說皆以文章
聞名於世，時稱"大手筆"。"大手筆"出手，當然寫出好文章。

"大手筆"被用作形容出手非凡，手段闊綽，或是對人十分慷
慨，在清代小說筆記開始出現。清末蘧園的長篇小說《負曝閒談》
第十五回："金慕暾又是個大手筆，整把銀子撒出來，豪無吝嗇。"

到了現代，"大手筆"主要用以形容出手闊綽，作為文書或名
作家的用法就較少為人所知了。

大殺風景

甲："這兒有山有水，還有幾對鴛鴦，真是好看！"

乙："好看有啥用？如果是水鴨就更好，可以燉湯。"

甲："你這人真是**殺風景**！"

風景本來大好，如果有人把風景殺掉，自然是掃興了。風景如何能殺？語出唐朝大詩人李商隱筆下。李商隱在《義山雜纂》一篇文章列舉了六件他認為是"殺風景"的事：

一、清泉濯足；二、花上曬昆（即"裩"字，古代褲類的衣物）；三、背山起樓；四、焚琴煮鶴；五、對花啜茶；六、松下喝道。

後人引用李商隱的意念，把不合時宜，破壞興致的物事比喻為"殺風景"。"大殺風景"的事各有不同的說法，比較流行的有十二物事，基本仍以李商隱的說法發展而來：

花間喝道、看花下淚、煮鶴焚琴、苔上鋪蓆、斫卻垂楊、花下曬裙、石筍繫馬、月下把火、妓筵說俗事、果園種菜、背山起樓、花架下養雞鴨。

無論以何版本，在不適當的場合做不適當的事，破壞景物或敗人興致，就是"大殺風景"。

小人之心度君子之腹

妻：“表哥請你吃晚飯，一定又是借錢；以前借的三萬元還沒還哩！”

夫：“真是以**小人之心度君子之腹**。表哥不但還我三萬元，還送了三千元禮券謝你呀！”

....

“以小人之心，度君子之腹”形容人多疑，以自己負面的想法懷疑別人。典故出於《左傳‧昭公二十八年》：

春秋時，晉國梗陽市有人到官府告狀，梗陽大夫魏戊無法裁斷這起官司，於是呈報相國魏舒審理。原告人得知，送上一批歌妓給魏舒行賄。魏舒正準備收下，魏戊知道了；魏戊找到大夫閻沒和女寬，說：“相國一向以清廉不受賄而聞名於諸侯，如果這次接受了此批歌妓，行賄之風就會盛行。”閻沒和女寬都同意到魏舒家勸諫。

魏舒自朝上回來，見女、閻二人在等候，便請用飯。飯菜送進時，只見二人再三嗟歎。魏舒問何故，二人答：“人家請我們吃飯，正好我們餓極，酒菜送來，心裏只怕不夠吃，所以嗟歎。後來酒菜全部送來，我們才覺悟到先前的憂慮是多餘的。我們真是用只想吃飽肚子的小人之想法，去推測君子的心思！”魏舒一聽，明白二人在勸諫他，於是拒絕接受歌妓。

《左傳》的原文是“願以小人腹，為君子之心，屬厭而已。”後來才被改為“以小人之心，度君子之腹。”

小巫見大巫

妻："垂頭喪氣回來，今天比賽輸了？"

夫："何止比賽輸了！我們的啦啦隊有二十幾人，誰知對方有九十多人，啦啦隊也輸了！沒法和人家比，**小巫見大巫**！"

"巫"是古代懂得施法術的巫師。小巫師遇到大巫師，法術功力立見高下。

"小巫見大巫"比喻二者相差太遠，難以較量。據宋代筆記《太平御覽·莊子》，話是莊子說的："小巫見大巫，拔茅而棄，此其所以終身弗如也。"

另一個著名的文學故事，出於《三國志·張紘傳》：

漢末魏初，著名文學家"建安七子"之一的陳琳，對東吳謀士兼文學家張紘十分仰慕，張紘也很佩服陳琳。兩人惺惺相惜，無奈處於對敵的兩國，只能靠書信往還。陳琳寫了〈武庫賦〉和〈應機論〉，張紘讀後立刻給陳琳寫信，表示激賞。陳琳謙遜地回信給張紘："此間率少於文章，易為雄伯……今景興在此，足下與子布在彼，所謂小巫見大巫，神氣盡矣。"意思是說："我在黃河之北，少與天下文人來往，沒有見過世面，只因這兒寫作的人少，我才易於聞名；您太過獎了。我在這兒，您在江南，和您比相差實在太遠了，就好像小巫師遇見大巫師，法術都不能施展了。"

下流

甲：“新聞報導一個名教授非禮女學生，罪名成立。”

乙：“所以一個人即使學問一流，行為**下流**就不值得人尊重！”

在現代用語中，“下流”是非常負面的形容詞，廣東話常常與“賤格”連用。“下流賤格”是對人最差的評價，含有濃烈的鄙意。形容一個人為“下流”，這人一定是品行極差。一種行為被稱為“下流”，那就一定是十分鄙劣的了。

“下流”有鄙劣無行的意思，詞出孔子《論語‧子張》：“紂之不善，不如是之甚也，是以君子惡居下流，天下之惡皆歸焉。”意思説君子不要與德行惡劣的人在一起。

《漢書‧楊敞傳》中也有兩句：“下流之人，眾毀所歸。”德行不好的人，大家一定有很壞的評價。

然而，“下流”也是地位低微的意思，只是現在罕有見用。正如本書“一流”和“九流”的條目裏，“流”有階級的意思。下流，也就是低下的等級。漢代王充《論衡‧逢遇》：“或高才潔行，不遇，退在下流。”有時人形容自己地位低微而謙稱“下流”，並非指自己品行不正。

“下流”還有一種意思，在魏晉時期指子孫後代。《三國志‧魏志‧樂陵王茂傳》：“今封茂為聊城王，以慰太皇太后下流之念。”現在已經沒有這種用法了。

千里送鵝毛

“**千**里送鵝毛，物輕情意重。”此語的意思和用法人盡皆知，可是為何偏是送鵝毛而不是雞毛或鴨毛呢？

“千里送鵝毛”的故事最早出於唐代。明代才子徐渭（徐文長）編的一本小說筆記《路史》裏有一個笑話：

> 唐代有一個名叫緬伯高的地方官，一次上京，帶了一隻珍貴的天鵝呈獻皇帝。路上緬伯高見到一個湖，心想，替天鵝洗個澡，白白的更可愛，皇上定更歡喜。他把天鵝放到湖洗澡，天鵝一下水就往湖心游去，緬伯高慌忙扯住，但只扯脫了一根天鵝毛。到了京師，因為失了天鵝，緬伯高只好寫了一首詩，夾那根天鵝毛上書皇帝，詩曰：“上復唐天子，可饒緬伯高，禮輕人意重，千里送鵝毛。”

這笑話在唐、宋之間廣為流傳，蘇東坡也曾把這故事入詩：“且同千里寄鵝毛，何用孜孜領麋鹿。”歐陽修則有詩句：“鵝毛贈千里，所重以其人。”

故事是真是假實毋須考究，不過“千里送鵝毛”，不論價值多少，總代表送禮人的濃情厚意。

才高八斗

甲：“今天晚上校友聚會，陳才子又自告奮勇唸他的新詩，我們的耳朵又要受罪了！”

乙：“他自認**才高八斗**，大家就讓他陶醉一番吧！”

“斗”是中國傳統度量衡的基本單位。形容一個人學問好才氣高是“才高八斗”。才氣為甚麼要斗來量？

“才高八斗”的典故出自魏晉時期才子曹植的故事。曹操和兒子曹丕、曹植，三人都是著名的文學家，乃建安文學的代表人物。當中以曹植才氣最高，在於父兄之上。

南北朝有無名氏撰書《釋常談》，當中解釋“八斗之才”源於詩人謝靈運對曹植文才的欽佩：“文章多，謂之‘八斗之才’。謝靈運嘗曰：‘天下才有一石，而子建獨得八斗。’”

原來這裏有個比例因素：一石有十斗，即天下文才只有十斗，而曹植佔其八，當然是無可匹敵了。

天有眼

甲："此人被警方拘捕三次，都因證據不足而釋放，沒有天理呀！"

乙："幹了那麼多傷天害理的事，看他最後兩年吧，**天有眼**的！"

遇到不知道為何發生某種事情的時候，西方人往往會説："God knows！"（上帝才知道！）意思是除了上帝或神，誰都不知道，不明白。

中國人不會説神或者上帝才知道，我們往往説："天曉得！"

在中國傳統概念 ，"天"統懾人間，有神或上帝的功能，無所不在，也無所不知。

為甚麼天無所不知？因為天有網。"天網恢恢，疏而不漏。"出自《老子》，從而衍生俗語："天眼昭昭，疏而不漏。"唯天有眼，任何事情都逃不過天眼。

天眼的概念源於佛家。佛家説眼有五種，即肉眼、天眼、慧眼、法眼和佛眼；天眼是天趣之眼，能透視六道、遠近、上下、前後、內外和未來。

在中國人的觀念裏，"天"代表正義，"天"見到的事情都有公平的處理。所謂"惡有惡報，善有善報"，只因"天有眼"。因此，如果遇到惡有善報，或者善有惡報的事，我們就會説："天冇眼！"這是對上天抱怨，"天"沒有主持公道。

漢代才女蔡文姬的名詩《胡笳十八拍》中有兩句："為天有眼兮，何不見我獨漂流？"《水滸傳》第六十二回："你這財主們，閒常一毛不拔，今日天開眼，報應得快！"即引用"天眼"為公平和正義的象徵。

天知地知你知我知

甲： "昨天我們賭馬贏錢的事，**天知地知你知我知**，千萬不能給我老婆知！"

乙： "我也這麼想呀！不過 …… 我贏的錢昨晚都已經給老婆大人搜去了，你老婆又怎會不知？"

"天知地知你知我知"，一句俗語有兩種用法：

其一是形容事情機密，除了天、地之外，只有當事人雙方才知道；意思是永遠不會為第三者所知。

其二卻是相反，一些事情你以為只有當事人雙方才知道，其實尚有天和地知道，早晚總會露出來的。

俗語源於東漢一個歷史故事，主角楊震是一位有名的清官。

楊震通曉諸經，時人稱他為關西孔子，以清廉著名。楊震本來是荊州刺史，後來調任東萊。當時東萊縣昌邑的地方官是楊震舉薦的王密。王密得知楊震上任，一天夜裏到訪楊震，並攜黃金十斤相贈，感謝楊震當年的提拔，但也有行賄之意，希望這位刺史上司查察時寬鬆一點。楊震拒絕受金，王密以為楊震怕為人所知，説："夜無知者。"楊震勃然大怒説："天知、神知、我知、子知，何謂無知？"

因此，"天知地知你知我知"本來是比喻不要以為別人不知道的壞事就可以做，後來演變成另一種意思，即當事人互相保密的一種默契。

太歲頭上動土

甲：“新聞報導昨晚一個小賊潛進警察宿舍偷東西，當場被捉！”

乙：“真是膽大包天，竟然在**太歲頭上動土**！”

....

“**太**歲頭上動土”，形容人膽大包天，招惹權勢，或者冒險做一些極有可能惹來大禍的事。

廣東話“帥”、“歲”同音，時而有人誤將“太歲”寫作“太帥”，以為“太帥”是將軍大帥等級的大官，招惹他們當然是不得了，其實是錯的。“太歲頭上動土”與招惹惡勢力無關。

“太歲”是中國古代天上一顆星的名稱，又稱“歲陰”星或“太陰”星。太歲星運行的方向由西向東，十二年為一周天。古代方士測定太歲星行經的方位都是凶方，不吉利。

漢代人特別相信陰陽五行和星相學，王充《論衡》裏清楚說明：“徒抵太歲凶。”太歲星是漢代人所最忌諱的，因此在建築房舍或大興土木的時候，必須避過太歲星行經的方位，否則不吉，嚴重者會招惹災禍。

“太歲頭上動土”原意指不顧禁忌，竟然敢在太歲星行經的方位上大興土木，後來才引用形容人的膽大妄為。

《水滸傳》第二回：“你也須有耳朵，好大膽，直來太歲頭上動土！”又在晚清長篇小說《負曝閒談》第一回：“周老三把帽子一扔，拿小辮子望頭上一盤說：‘這還了得！不是太歲頭上動土麼？’”

五福

母：“囝囝，過年了，幫忙媽媽貼揮春，先貼這一張**五福**臨門。”
小兒：“**五福**臨門？是不是五個奧運福娃來我們家？”

“**福**”相信是中國人最喜歡的字，因為“福”包含了一切美好的物事。生活快樂滿足謂之“幸福”；老人家子孫滿堂，人羨慕為有“福氣”。賀生日我們祝頌壽星“福如東海，壽比南山。”“福”，永遠都受歡迎。

北方人過春節掛春聯，廣東人則貼揮春，揮春不可缺大門前的“五福臨門”。“五福”指的五種幸福，始見《書經·洪範》：“五福，一曰壽，二曰富，三曰康寧，四曰攸好德，五曰考終命。”

“五福”其實反映了中國人對生活和生命境界的追求，生之時要富足、健康、積德和長壽。中國人重生也重死，死也必得其所，要死得安樂，五福中最後之福是“考終命”。

宋代文豪歐陽修〈紀德陳情上致政太傅杜相公〉的詩句：“事國一心勤以瘁，還家五福壽而康。”表示一個人一生為國家勤勞工作，退休的時候求得“五福”，安享晚年就夠了。

五倫・六親不認・九族誅連

甲：“表哥，謝謝您提攜我進你的公司工作。”

乙：“你有本事才找你的。先此聲明，做老闆一定要處事公正，對員工一視同仁，即使是表弟，如果表現不好，我會**六親不認**。”

中國傳統社會注重人倫，人倫就是人與人之間的倫理關係，而人的關係中最重要者五種，即君臣、父子、兄弟、夫婦和朋友，稱為“五倫”，又稱為“五常”。五倫之道，就是國家、社會和家庭的基本秩序。

“五倫”的概念是中國人生活和道德思想不可分割的部分，“五倫”一詞起始何時現在已不可考，但與“五倫”相似的“六親”，不同的古書有不同的説法。

《漢書・賈誼傳》中説“以奉六親”，指父、母、兄、弟、妻、子。

《左傳・昭公二十五年》説“六親”是父子、兄弟、姑姊、甥舅、婚媾、姻亞。

《史記・管晏列傳》説“上服度則六親固”，六親指外祖父母、父母、姊妹、妻兄弟之子、從母之子女之子。

漢代賈誼《新書六術》中“六親”是指父子、兄弟、從父兄弟、從祖兄弟、從曾祖兄弟、同族兄弟。賈誼的“六親”，女性全沒份兒。

“六親”再擴大範圍，就是“九族”。“九族”通常以世輩計算，從自己為本位，上推四世，下推四世：高祖、曾祖、祖、父、本人、子、孫、曾孫、玄孫。有時還加上門人或學生，由“九族”變成“十族”。

所以説：亂了“五倫”是大逆不道之事，“六親不認”的人最是無情。在古代，一個人犯了大罪就會“九族誅連”，那就等於滅族了。

斗膽

甲："這個賊真大膽，竟然到警務局長的住宅偷東西，又居然得手，沒有被捉到。"

乙："何止大膽，簡直是斗膽！"

───

"斗膽"形容人之"大膽"；"大膽"即膽量大，勇敢的意思。"斗"是古代衡量器。

"斗膽"是一個比喻，形容一個人的膽有量斗那麼大，語出《三國志·蜀志·姜維傳》：蜀國有大將姜維，極為勇猛，"死時見剖，膽如斗大。"因此人稱"斗膽"。

姜維"斗膽"的故事，還不及三國趙子龍"一身是膽"家傳戶曉。《三國志·蜀志·趙雲傳》記載：趙子龍帶兵駐守漢水，張郃、徐晃率領曹操的軍隊猛衝殺至。趙雲當時兵少勢弱，軍中將士建議關緊營寨死守。趙雲不同意，反而下令大開寨門，但把軍旗收下，也不打戰鼓。他孤身一人提長槍，威武地站在寨門前。曹軍見趙軍營毫無動靜，只有趙雲立於寨前，疑有伏兵相誘，於是下令停止前進，隨即後撤。趙雲見曹軍開始慌亂，即下令戰鼓齊鳴，追殺曹軍。曹軍敗潰，紛紛墮入漢水，淹死無數。第二天，劉備和諸葛亮到營中犒軍，劉備十分高興，對諸葛亮說："子龍一身是膽！"

"一身是膽"和"偃旗息鼓"，都出自趙子龍大膽的故事。

廣東俗語除了用"大膽"、"斗膽"之外，還會用"沙膽"，來源如何則不得而知了。

牛鬼蛇神

夫：“我們公司決定在天堂鎮設廠，希望不要調我去就好了。”

妻：“聽說那兒三山五嶽，**牛鬼蛇神**，甚麼人都有，治安很差，為甚麼會在那兒開廠呢？”

李賀是晚唐著名的天才詩人，詩作極具文采，並且以構想獨特，天馬行空，詞句新奇，出人意表見稱。李賀很年輕已為文學家韓愈所賞識，詩人杜牧更為他的詩集作序。可惜李賀短壽，只活了二十七歲。

李賀的作品想像力極其豐富，很多稀奇古怪的物事，虛幻奇境都入於詩句，充滿虛無的浪漫色彩。杜牧在〈李賀詩序〉中形容他的詩：“鯨鏘鰲擲，牛鬼蛇神，不足為虛荒誕幻也。”杜牧認為鯨魚張開大嘴，鰲魚翻騰，牛鬼、蛇神，這些虛幻荒誕的物事，還不足以表現李賀詩的驚人出眾。

杜牧借用“鯨”、“鰲”、“牛鬼”、“蛇神”等怪物，本來是讚美李賀的詩，後來才被引用指小人和壞人，特別是一些本無實力，只依附權貴而借機興風作浪者。

不可同日而語

妻：“電視上那個高官不就是從前鄰居的兒子？”

夫：“他小時候那麼頑皮，現在**不可同日而語**了。”

“不可同日而語”，指不能用以前的看法來評價今天的事情，典出《戰國策·趙策》：

戰國時期，七國爭雄，著名的政治家蘇秦奔走遊說六國聯合對付強秦。蘇秦到了趙國，遊說趙王說：“六國的土地面積合起來是秦國的五倍，六國軍隊合起來人數是秦國的十倍，如果六國團結，把力量合而為一，進攻西秦，秦國必敗而要聽命於六國。反之，秦國將會把六國逐個擊破，那時六國只好對秦國稱臣了。”他更強調說：“攻破別人與被別人攻破，別人做自己的臣子與自己做別人的臣子，怎可同日而語？”

《戰國策》的原文是“豈可同日而言之哉”，本來並非指時間或日子之不同，而是指事情的性質不一樣。後來引申，有時也帶有時間的意味，例如說今天的情況與往昔已不一樣，或者說一個人已經改變了，“不可同日而語”就有“今時不同往日”的意思了。

文憑

甲："聽說國際專業進修學院的物流管理課程很好,我準備報名,你
有興趣嗎?"

乙："興趣其次,有**文憑**嗎?如果沒有我就不要浪費時間了。"

今天學生畢業或修讀一項專業課程完畢,學校頒授一紙文
憑,是學歷的證明。

"文憑"和"證書"互通,例如"文憑課程"也可稱為"證書課
程",但"證書"是近現代的用法。在繁簡字通變之下,現在很多
時"證書"與"証書"互通。

"證"、"証"兩字的應用,早出於戰國時代。"證"是證明、
證實、驗證,也有諫的意思,"證據"則在晉代已出現。"証"本
義是諫正的意思,到了清代以後,也可解作"證據",因為"証"字
已變成"證"的俗字,見於清代段玉裁《說文解字》註:"今俗以証
為證驗字。"

"文憑"是官府發給的證明文書。

唐代李德裕《會昌一品別集‧王智興度僧尼狀》:"勘問惟
十四人是舊人沙彌,余是蘇常百姓,亦無本州文憑,尋已勒還本
貫。"可見唐代居民都有州發的身份證明文件,是為"文憑"。

元代馬端臨《文獻通考‧征榷》:"重和元年,以臣僚言,凡
民有遺囑並嫁女承書,令輸錢給印文憑。"這裏的"輸錢"並不是
賭博的輸錢,古代"輸"可解作繳納,尤多用於納稅。中國傳統,
遺產不會分給外嫁女兒,這裏的意思是如果有人立遺囑指定外嫁
女兒有承受財產者,都要繳交費用,由官府蓋印以為憑證。

香港俗語,"文憑"又稱"沙紙"。香港前為英殖民地,中英語
混雜,"沙紙"是英文 certificate(文憑)諧音簡化而成。

化・食古不化

甲："看新聞，一個不到四十歲，一向壯健英武的警官，竟然在長跑途中心臟病發猝死！"

乙："所以説，人生真是要看開些（睇化啲）！"

"化"由"化境"而來，一個人到了"化境"，看透世情，不再執着，寵辱不驚。"化境"來自佛家語。《華嚴經‧疏六》："十方國土，是佛化境。"佛家的"化境"指受佛法教化的地方。

廣東話説參透世情是"睇化"；"睇"，看的意思。"做人要化"意思是做人不要執着，要看開一點。如果一個人不能參透世情，堅持執着，我們説這個人"睇唔化"；"唔"是"不"的意思。

"睇唔化"與"唔化"，在粵語同義而又有微細的分別。"唔化"指一個人冥頑不靈，或者堅持不肯面對新時代、新事物，有食古不化的意思。

"食古不化"語出清代陳撰的《玉几山房畫外錄》，書內記載明代名畫家惲向的〈題自作畫冊〉當中一段："定欲為古人而食古不化，畫虎不成、刻舟求劍之類也。"學古人，讀古書，但不善於運用，就好比食物之不消化。

心有靈犀一點通

夫：“老婆，買了一束花送給你！”
妻：“真少見！不過碰巧今天我上陶瓷班造了個花瓶。”
夫：“這就是**心有靈犀一點通**！”

戀愛中的男女、恩愛夫妻，或者是一對好朋友，毋須言明也能猜中對方的心意，是“靈犀相通”。

“靈犀相通”，語出唐代著名詩人李商隱的詩〈無題〉：“身無彩鳳雙飛翼，心有靈犀一點通。”“彩鳳”是一種貌似鸚鵡而體型較小，羽毛彩麗的鳥，總是成對成雙的。據説彩鳳是天下最多情的鳥，其中一隻死了，另一隻也活不了多久，李商隱以此入詩。

“靈犀”是犀牛角的骨髓。剖開犀牛的大角，可以見到裏面是空心的，當中有一條白色的髓貫通整隻犀角。中國古人把科學的觀察，化為浪漫的詩意，想像力十分豐富。我們讀李商隱美麗詩句時，又怎會與粗大的犀牛角聯想起來呢？

犀角極其堅硬，柔軟的白髓卻能穿透上下，因此古人認定是靈異之物。傳説犀角的髓有很多奇特功能，古代藥書都以之入藥。此外，道家書籍也提及甚多，例如專載仙丹仙藥的《抱朴子》，就稱之為“靈犀”。

升斗市民・聽價唔聽斗

母："柴米油鹽醬醋茶，樣樣東西都加價，**升斗市民**日子怎樣熬？"

幼子："媽媽，我明白，加價把你弄得滿天星斗！"

母："'**升斗**'不同'星斗'，不要弄錯呀！"

"**升**"和"斗"都是中國古代容量的基本單位，例如五穀用合、升和斗量。十合為一升，十升為一斗。

"升斗"作為形容詞是零星少量的意思，清代曹寅向皇帝上奏，報告賑災米糧是零售給窮人的，在〈押運賑米到淮情形摺〉奏明："漕臣桑格嚴行戒諭，載米到彼，只許升斗零星糶與貧民，不許求速躉售。"

"升斗"有時不限用於度量衡，也有低微的意思。金代詩人元好問《遺山集》的詩〈自鄧州幕府暫歸秋林〉有句："升斗微官不療飢，中林春雨蕨芽肥。"連小官員都吃不飽，升斗小市民就更不堪言了。

廣東有俗語說"聽價唔聽斗"，指只聽得人家說價錢，但沒有聽到是用甚麼量器作單位，意思即沒有聽全。"聽價唔聽斗"現今已較少用，相近的說法是"聽啲唔聽啲"；"啲"，廣東口語，一點或一些的意思。

打秋風

夫："是錯寫了人名地址嗎？我們不認識發帖這個人。"

妻："太婆壽宴？我想起來了，好像是你堂姑的前夫的親家的表弟……"

夫："全沾不上邊，分明**打秋風**！"

"打秋風"指藉關係揩油，討取便宜，又作"打抽豐"。討便宜和秋風有何關係？

"打秋風"最早見於五代王定保的筆記《唐摭言·賢僕夫》："當今北面官人，入則內貴，出則使臣，到所在打風打雨，你何不從之。""打風打雨"指當官的藉官威而到處作威作福，揩民間油水。相信這是"打秋風"的起源。

"打抽豐"意思更為貼切。《辭源》引明代陸嘘雲《世事通考·商賈》的考證："打抽豐，因人豐富而抽索之，故曰打抽豐，俗語謂之打秋風者是也。"

明代沈德符《萬曆野獲編》中有"打秋風對撞太歲"之語。

《儒林外史》中說明了"打秋風"並非好事："張世兄屢次來打秋風，甚是可厭。"

《紅樓夢》第三十九回："忽見上回來打抽豐的那劉姥姥和板兒又來了，坐在那邊屋裏。"

形容一個人打別人的秋風，即有討厭和低貶的意思。

打尖

排隊者甲："先生，為何插進我前面？"

插隊者："我本來就在這兒！"

排隊者齊叫："胡說！我排隊半個鐘頭，未見過你。想插隊（**打尖**）？
　　沒那麼容易！"

今天常用的"打尖"，指不守秩序插隊。例如眾人排隊候車，有人插隊，或者遲來者卻跑到前面，就會被指責為"打尖"。"打尖"是惹人忿怒的不當行為。

"打尖"原先指休息、歇息，與今天破壞秩序的意思不同。"打尖"一詞出於何時不可考，但唐、宋話本和小說中已經常出現，是日常慣用語，多指出門人在旅店夜宿，或者行旅找個地方稍作休息吃飯。

《紅樓夢》第十五回："那時秦鍾正騎馬隨他父親的轎，忽見寶玉的小廝跑來請他打尖去。"這並非叫他插隊，是請他歇息的意思。

《恨海》第二回，主人翁走到中午時分，"便在一家村店門首，停下打尖。"

現代已很少用原來"打尖"的意思，但武俠小說還常常讀到俠客到處流浪，有時在荒寺野廟，有時到旅店"打尖"。

至於"打尖"是在甚麼時候和為甚麼會變成排隊打尖，則缺乏考證了。

打斧頭・打釜頭

甲："怎麼我們工廠的伙食越來越差？難道是廚房那一位私扣（**打釜頭**）了？"

乙："你不要冤枉好人，近幾個月百物騰貴，我家買菜錢都多了一兩成，老闆不加飯菜錢，廚房還維持三菜一湯，不容易了！"

中產家庭的傭人負責燒飯買菜，舊式商舖的伙頭（廚師）採購伙食。如果傭人或伙頭採購時在價錢上做手腳，例如買了十兩材料，向主人報數一斤，香港俗語稱之為"打斧頭"。"斧"，廣東人叫"斧頭"，菜價與斧頭風馬牛不相及，此語何來？

雖然沒有明證，但斧頭應該是"斛斗"之誤。斛，根據主要的廣州話字典讀音均為 fuk（另一音讀 huk），與"服"同音；普通話讀音則為 hu，與"胡"同音。

"斛"是古代一種量器，也是容量單位，用以計量穀物米糧。

《莊子・胠篋》："為之斗斛以量之，則並與斗斛而竊之。"說明早在先秦時期，斗與斛都已經是標準的量器和容量單位。

古代十斗為一斛，南宋末年改為五斗一斛，兩斛為一石。斛斗（也作斛䤪）經常並用，二者皆為計算糧食的量器，因此也作為糧食的代稱。《舊唐書・食貨志下》："唯貯斛斗匹段絲麻等。"

目前文物發現，最早的"斛"出於東漢，是一個圓柱形的青銅容器。此外，古代另一種與"斛"相似的量器"䉤"，也是用以量米粟穀物的。《周禮・考工記・㮚氏》："量之以為䉤。深尺，內方尺而圜其外，其實一䉤。"根據漢代鄭玄的註解："四升曰豆，四豆曰區，四區曰䉤，䉤六斗四升也。"所以"䉤"也是度量單位，與"斛"稍有不同。

早在春秋時代，"䉤"與"釜"已互通用。《論語・雍也》："子華使於齊，冉子為其母請粟。子曰：與之釜。"即是給他一釜粟。

漢代趙曄《吳越春秋·越王無餘外傳》："調權衡，平斗斛。"可見無論用斛、鬴（釜）或斗，都是把穀物傾進量器，滿而穀米與量器邊平整，即為一斛、一釜或一斗。

如果量米的人不老實，米沒有裝滿就算一斛或一斗，當中自然是有人可以從中竊取米糧。這種行為是否稱為"打斛斗"無記載可尋。但"斛斗"與粵語"斧頭"發音相近，從意思上，廣東話之"打斧頭"極有可能是"打斛斗"音誤而來，又或者應該是"打釜頭"。

打爛砂盆問到篤

妻：“一會兒見到老媽，記得不要提這件複雜事，免得她問長問短。”
夫：“她那麼嘮叨，何止問長問短，簡直會**打爛砂盆問到底（篤）**！”

遇到人家每事問，窮追不捨，廣東俗語說此人“打爛砂盆問到篤。”“砂盆”和追問事情，尋根究底有甚麼關係？

“砂盆”是廣東人用來磨粉的盆，多是粗陶製品；“篤”，粵語是“最底”的意思。“砂盆”破了，就要抿灰修補，既然破到最底，抿灰就一定要抿至破裂的盆底。借音就成了“問（抿）到篤”。（抿，塗抹，通常用於修補之意。）

其實此語並非只流行於廣東，中國各地均有類似的借喻，而且應用久遠。《元曲選》吳昌齡〈東坡夢〉第四回：“葛藤接斷老婆禪，打破沙鍋璺到底。”晚清小說《兒女英雄傳》第廿六回：“就讓姐姐裝糊塗，不言語，我可也打破砂鍋璺到底。問明白了，我好去回公婆的話。”

可見“問”字原本應作“璺”（音問），是裂紋的意思。盆子打破了，裂紋多會直破盆底，借音也成了“問到底”。這與前面的說法解釋雖略有不同，但異曲同工，用法如一。

打草驚蛇

甲："你看看這張賬單，跟賬本不對應的，我想一定是小張做了手腳。"

乙："老闆早就懷疑小張了，但一個人做不成的，老闆正在調查，叫我們不要**打草驚蛇**，暫時當作不知就好了！"

唐朝時候，當涂縣（今安徽省內）的縣官名叫王魯，貪贓枉法，搜刮民財。有其上必有其下，縣內大小官員衙卒也都受賄，敲詐百姓，民怨載道。一天，王魯在批閱案卷時，發現下屬一名主簿官（專職文書的官員）被人聯名告狀，指控他營私舞弊，干犯法紀。王魯細讀之下，不覺大驚，因為狀告之事全都有人證物證，如果追查下去，其人定難開脫，王魯自己也難免被牽涉在內。他心想："幸而案件落在我手上！"抹一把汗後，王魯在案卷上批了八個字："汝雖打草，我已蛇驚。"暗示你們雖然打的只是草，可是我像藏在草的蛇，已有所警惕。

故事出於唐代段成式的著名筆記《酉陽雜俎》，後來衍生為常用的成語。比喻做事策劃不周，走漏風聲，使涉及的人警覺而逃脫，即謂"打草驚蛇"。

古老

母："女兒，你看這件大衣怎麼樣？"

女："料子很好，不過款式太**古老**了！"

"**古**老" 通常有兩種用法，一是形容人保守、守舊、落伍、食古不化、跟不上時代潮流，這是帶有貶意的。

另一種用法是指歷史悠久深遠，例如說中國是一個古老的國家，印度有古老的文化，這是中性的形容詞。

再有一種用法，今人已較少應用，出自唐代文豪柳宗元《柳先生集》的〈唐故秘書少監陳公行狀〉。柳宗元稱讚陳氏 "公有文章若干卷，深茂古老。" 就是說其文章功力深厚，不同時俗，這是對文章或書畫極高的讚譽。

廣東話常常加重語調，批評人家食古不化的時候會說："真是古老十八代！" 如果平均計算一代人約為二十多歲，十八代就約四百年。生活在今天，思想還停留在四百多年前，那就怪不得被批評為 "古老" 了。

廣東話形容年代久遠的古老事，還有一個說法："那是咸豐年的事了！"

阿東

瓜葛

甲："兩個月前你們公司的張副總從我們取的貨，至今還未付款，不太像你們公司的習慣！"

乙："兩個月前？張某某半年前已經離開公司，我們還刊了廣告聲明，從六月一日開始，他與任何人的**膠葛**，都與公司無關！你們被他騙了！"

"瓜葛"，又作"膠葛"，兩詞時常互通，均指糾纏不清的關係。

"瓜葛"，原是瓜和葛兩種蔓生植物。瓜和葛都是攀藤的，兩種植物種在一起，生長時兩者的藤蔓就會互相糾纏，再也無法分開，因此用以比喻物事或人有互相牽連的關係。

"瓜葛"，最初指親戚關係，出於漢代蔡邕〈獨斷〉篇："四姓小侯，諸侯家婦，凡與先帝先后有瓜葛者……皆會。"意思是凡與先帝有任何關係的人。

阿東.

"膠葛"，錯綜複雜的意思。屈原《楚辭·遠遊》："騎膠葛以雜亂兮，斑漫衍而方行。""膠葛"，《漢書》寫作"膠轕"，《文選》則作"膠轕"，都有相同之義。

　　三國時魏的曹叡有〈種瓜篇〉，當中有名句："與君新為婚，瓜葛兩相連。"這裏指夫妻恩愛，相連而不分你我，是正面的意思。

　　《紅樓夢》第六回："小小一個人家，因與榮府略有些瓜葛，這日正往榮府中來。"這裏"瓜葛"也沒有負面的意味，只是後來也有人引用以形容一些糾纏不清的負面關係。

司馬昭之心

甲："你可有發覺小王近日忽然對人很好，甚麼事都肯熱心幫忙。"

乙："都是表面功夫！人事部副主任將要退休，他想升官，**司馬昭之心**，路人皆見。難道你不知道他平日的為人嗎？"

《三國志‧三少帝紀》記載了甘露五年正月發生的一段故事：

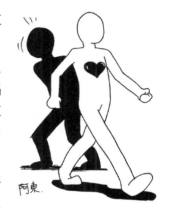

阿東.

三國後期，魏國的軍政大權實際上已落在司馬氏一家手中，魏王曹芳成了傀儡君主。司馬懿的兒子司馬師和司馬昭一直圖謀篡位自立。最終司馬師廢了曹芳，另立曹髦為魏王。

後來司馬師死，其弟司馬昭繼任大將軍，魏王曹髦乘機暗召侍中王沈、尚書王經、常侍王業等近臣，商議對策。曹髦深知司馬昭終有一天也會廢掉自己，篡位為王。他對這幾個臣子說："司馬昭之心，路人所知也。吾不能坐受廢辱，今日當與卿自出討之。"他決定對抗司馬昭，但這幾個近臣都認為以目前的實力，對付不了司馬氏。

曹髦意志堅決，誓要奪回權力，即使死也在所不惜，決定攻打司馬昭。可惜王沈、王業二人出賣了魏王，把曹髦的計劃通知了司馬昭。因此，當曹髦帶領百名宮廷侍衛攻打司馬昭時，立即就被司馬昭的手下殺了。司馬昭見篡位稱帝時機仍未成熟，改立曹奐為帝。

公元二六五年，司馬昭的長子司馬炎終於篡魏自立，開始了晉朝。司馬昭被追封為晉文帝。

"司馬昭之心，路人皆知。"（或作"路人皆見"）此後即被引用來形容一些非常明顯，人所共知的陰謀野心。

白眼

妻："你看，原來表舅也來了，我們去跟他打個招呼吧！"

夫："難道你沒見到他在達官貴人中間穿插？他是個勢利人，我們找他，一定遭人白眼！"

"白眼"是看不起人的意思，原本指人的眼睛露出很多眼白，語出於《易經·說卦》："其於人也，為寡髮，為廣顙（額頭），為多白眼。"

"白眼"相對的是"青眼"，"青眼"是黑色的眼珠子。一般人的眼在正常的情況下，眼珠子在眼的中間，黑色比白色的部分多，但當人斜視或翻眼珠的時候，眼白看起來就比黑眼珠為多。

用"白眼"來形容瞧不起人，源於魏晉著名才子"竹林七賢"中嵇康和阮籍的故事。南朝劉義慶《世說新語》記載：

阮籍能夠讓自己的眼睛一忽兒白，一忽兒青。見到凡俗的人，他就用白眼看之，見到喜歡的人，他又會立刻變成青眼。他不喜歡嵇康的哥哥，常常用白眼視之。有一次，嵇康的哥哥在，阮籍一直翻白眼，後來嵇康抱琴而來，阮籍高興，立刻就變了青眼。

此典故引申，讓人家看得起就是"得人垂青"；別人看不起自己，感到被輕視，即謂"遭人白眼"！

廣東俗語，還再引申另一詞"白鴿眼"，等同勢利眼。是否因為白鴿的眼也是白的比青的多而被借用，不得而知。鴿子友善和平，"白鴿眼"作勢利解，委實有點兒冤枉。

污糟

母：“兒呀，怎麼弄得滿身邋遢，一隻骯髒貓兒（**污糟**貓）似的！”

"污糟"，在從前的書裏多寫為"烏糟"，和"邋遢"一樣，都是不清潔的意思。"污糟邋遢"其實古代早有沿用，並不限於廣東話。

明清小說筆記裏常用"烏糟"來形容骯髒。例如清末長篇小說《負曝閒談》第十四回："那顏色耐烏糟些，至少可以過七八天。"

"烏糟"有時也可以說成"烏裏八糟"。清代小說《二十年來目睹之怪現狀》第三十二回有一段："那一條巷子叫同順里，走了進去，只見兩邊的人家都是烏裏八糟的。"這並非指不潔淨，而是指雜亂，有"亂七八糟"，即亂糟糟的意思。

"邋遢"也是形容不整潔，在宋代時已是流行用語，宋釋適之《金壺字考》解釋："邋遢，不整貌。"後來在清代戲曲《綴白裘》之〈爛柯山·痴夢〉，故事即有說："我形醜齪，身邋遢，衣衫襤褸把人嚇殺。"

廣東人過年前大掃除，兒歌唱："年廿八，洗邋遢！"大掃除"洗邋遢"不限於廣東，清代潘榮陛〈帝京歲時紀勝〉中談年俗："諺云，二十七，洗疢疾；二十八，洗邋遢。"

"污糟"和"邋遢"兩詞都是不清潔的意思，廣東俗語常常結合使用，成了"污糟邋遢"。

南宋紹興年間四川曾刊行過七本史書，形式是半頁九行，每行十八字。流傳到元代，版片大部分已模糊不清，後人稱這種版本的史書為"邋遢本"，並非不潔的意思。

更有趣的是廣東人形容鬼怪、妖魔之類所謂魑魅魍魎等為"不乾淨"，例如有人認為自己見了鬼，就會說："我見到一些污糟邋遢的東西！"

老公 · 老婆

夫："**老婆**，我回來啦！可以
吃飯了嗎？"

妻："**老公**！你忘了今日是
我生日？我已經訂了全
香港最貴的法國餐廳，
你付錢，我慶祝！"

近二三十年，香港人流行直呼自己的丈夫或妻子為"老公"或
"老婆"，最初被認為粗俗礙耳，後來成了習慣語。

"老公"、"老婆"是第三人稱，本來應該說"我的老公"或"他
的老婆"。

根據《辭源》，元代《古今雜劇》故事〈鴛鴦被〉，一名女子撮
合了人家的一段婚姻後，對這夫妻說："我今日成就了你兩個，久
後你也與我尋一個好老公。"

"老婆"一詞見得更早，宋代吳自牧的筆記《夢梁錄·夜
市》，描寫占卜者招徠顧客時總是說："時運來時、買莊田、取老
婆。""取"也就是"娶"的意思。

一直以來，"老公"、"老婆"的稱謂多用於低下階層，也只是
向別人提及自己的丈夫或妻子才用上。直呼對方為"老公"或"老
婆"，只是香港近二三十年的潮流。雖則有點不恰當，聽起來也有
點俗，但頗為傳神活潑，可以增添夫妻間的親密感。

老爺・家公

甲女："這部新車又是你**家公**送的？難得有個好丈夫，還有個那麼好的**家公**，真是羨煞旁人！"

乙女："我都覺得自己很幸福，**公公**婆婆都對我很好！"

....

中國方言超過二千種，不同地方用詞用語各有不同，所以同是中國人，語言和稱謂也常常出現誤會和笑話。"家公"即為一例。

"家公"是很古老的名詞，古代有幾種解釋。

在一本相傳是漢代孔鮒所撰《孔叢子》的書裏記載："申叔問子順曰：'子之家公，有道先生，既論之矣。今子易之，是非焉在？'"意思是説你父親已經下了定論，如今你作為兒子卻改變主意，那還有是非曲直嗎？這裏的"家公"指對方的父親。

《後漢書・王丹傳》："（侯霸）遺子昱候於道，昱迎拜車下，丹下答之。昱曰：'家公欲與君結交，何為見拜？'"王丹表示自己的父親早想結交子昱。

北齊顏之推《顏氏家訓・風操》："昔侯霸之子孫，稱其祖父曰家公。"可見南北朝時"家公"指的是祖父和外祖父。

然而，這幾種解釋都沒有涵蓋廣州人和香港人"家公"是家翁的含義。

北方人稱家翁為"公公"，家姑為"婆婆"，廣州和香港人則稱為"家公"和"家婆"，都是第三人稱謂。

北方人敬稱祖母、外祖母或老婆婆為"奶奶"，這在香港可能引起誤會，因為只有媳婦尊稱家姑為"奶奶"。反過來，北方人稱家姑為"婆婆"，香港和廣州人的"婆婆"是外祖母；祖母則稱為"阿嫲"或"嫲嫲"，祖父是"阿爺"或"爺爺"。

"老爺"在古代是一種很普遍的敬稱，平民百姓對官員、有權位者、有家勢者，或者家傭對一家之主，都會尊稱"老爺"。在香港，尤其為女士，"老爺"可不能亂叫，因為只有媳婦對家翁尊稱為"老爺"。

托大腳

甲："為甚麼每一次有好差事，都是派給他的？"

乙："人家懂得托老闆的大腳，你羨慕也沒用啦！"

形容諂媚奉承別人，除了"拍馬屁"，香港人用得更多是"托大腳"。為人家托腳，當然是極端討好之能事。很多人以為"托大腳"是粵語特有的俗語形容詞，其實不然，典故淵源久遠。

宋代《東坡志林》一書內有故事："北宋時，李憲用事，官至太尉，穆衍、孫路輩，至為執袍帶。其部屬彭孫，曾為李憲渥足，且渥且托其足而嗅曰：'太尉之足何香！'李憲聽後，索性以足加於其首，笑且罵曰：'奴諂我不太甚乎？'"

這位彭孫，何止"托大腳"？

另唐代張鷟的《朝野僉載》裏也有一個相類的故事，發生在武則天年代："天后時，張岌諂事薛師（武則天寵信的懷義和尚）。掌擎黃幡，隨薛師後，於馬旁伏地，承薛師馬鐙。"

張岌以身體作為懷義和尚的馬鐙，程度沒有彭孫托李憲大腳那麼露骨，但張岌當時是侍御史，以他的地位而這樣做，是為諂媚。

所以，"托大腳"並非廣東人發明的。

有錢使得鬼推磨

甲："那家公司造假賬被查，現在只有會計主任攬在身上認了，大老闆竟然沒事，真是沒有天理！"

乙："**有錢使得鬼推磨**，他花錢找人做替死鬼也不是第一次！"

"有錢使得鬼推磨"，通常是諷刺世態炎涼，只要有錢就無事不能，甚至使喚鬼魂推磨也成。為甚麼有錢就使喚鬼魂推磨，又不叫鬼魂幹別的差事呢？

宋代劉義慶的誌異小說《幽明錄》有一則很有趣的故事：

話說一隻新鬼到了陰間，發覺生活艱難，正不知如何是好之際，碰到一位二十多年前死去的老朋友。新鬼見到老鬼豐潤飽滿，於是請教如何覓食。老鬼說："如果陽間的人害怕你，就會用祭品來拜祭，你就衣食無憂了。只要略施小技，嚇嚇他們不就成了嘛！"新鬼聆聽教益，找了一戶人家，見廚下有一石磨，他就開始推磨，以為主人見石磨自轉，定必被嚇壞。誰知主人見到石磨自動磨轉，非但不驚慌，而且在磨裏加入麥粒，讓石磨繼續磨麥。新鬼磨了一個晚上，終是徒勞無功。

《古今小說》有一個"臨安里錢婆留發跡"的故事，當中有句："正是官無三日緊，又道是有錢使得鬼推磨。"講的是古代科舉時期，很多有錢但無學識的士子僱人冒替到科場考試，被諷刺"有錢使得鬼推磨"。

合同·合約

夫："老婆,怎麼還沒有飯吃?肚子餓呀!"

妻："餓就要幫忙,我嫁你的時候,沒有簽**合同**負責燒飯呀!"

在現代社會裏,"合約"是非常重要的契約文件,生意交易、僱用員工、租房子,以至生活小節如租汽車、訂電話服務等,都要簽上一紙契約文書,稱為"合約"或"合同"。

廣東人習慣"合同"多用於口頭語,"合約"多用於書面語。"合同"和"合約"兩詞歷史均十分悠久,在古籍裏"合同"一詞的出現比"合約"還較早些。

"合同"最早見於《周禮·秋官·朝士》:"云判,半分而合者,即質劑傅別分支合同,兩家各得其一者也。"意思是把文件或物品分成兩半,立約雙方各持一半。無論何時,兩半相合作為識認,故名"合同",這是最早的契約。

上述《秋官》篇裏,"質劑"本身也是合同和契約的意思。中國古代奴隸是主人的私有財產,與牛馬和物品並無分別,可以任由主人買賣。

買賣奴隸、牛馬等的契約名為"質"。

買賣兵器、珍異物品等的契約名為"劑"。

"合約"則最早見於《漢書·趙充國傳》:"往三十餘歲,西羌反時,亦先解仇合約攻令居。"("令居"是地方名)

州官放火

女兒："爸，媽媽不許我講太長電話，但她自己已經講了半個鐘頭！那不是只許**州官放火**，不許百姓點燈！"

父："媽媽在講正經事，而你跟同學通電話都是講無聊事，你不能這樣說媽媽！"

中國古代注重階層和相應的禮制規矩，臣下或後輩不能直呼皇帝或長輩的名字。說話或書寫時遇到他們的名字，就改用其他字或用缺筆來迴避，稱為"避諱"。

對於皇帝名字的避諱，至為重要，否則屬犯上，獲罪不輕。遇到人名、地名與皇帝名字相同，必須改字。歷史上著名有漢文帝劉恆的例子，因為皇帝名恆，恆山要改為常山；漢明帝名劉莊，臣子莊光（即嚴子陵）避諱改為嚴光。又例如清代雍正皇帝登位之前名胤禛，兄弟均以胤字排名。他當上皇帝，所有弟弟都要把胤字改成允字。

避諱的風氣在古代官場經常被濫用，一些地方小吏為了抬高地位，也要求百姓避諱，作威作福。"州官放火"出自宋代陸游《老學庵筆記》的一則故事：田登做州官，令屬下吏民避諱他的名字，不許用與"登"同音的字，犯者每受鞭笞。於是全州都把"燈"寫作"火"。到了上元佳節，官府例行放燈與民同樂，州吏貼出告示："本州依例放火三日"。這故事後來也見於明代筆記《五雜俎》。

"州官放火"的重點不在諷刺避諱，而是比喻對人對己有雙重標準，自己可以做的事，卻限制別人不許做，謂之"只許州官放火，不許百姓點燈"。

死有餘辜

甲："這個強盜入屋打劫，還殺了人家一家三口，終於被判死刑，總算天長眼！"

乙："真是**死有餘辜**，不過即使判死刑，都挽不回三條枉死的人命！"

"死有餘辜"，語出《漢書・路溫舒傳》。

路溫舒是西漢著名的法學家，從小喜歡研究法律，對刑法律令十分精通。他當過獄吏，對監獄的黑暗情況十分明瞭。

漢宣帝即位，路溫舒上了一道〈尚德緩刑書〉，尖刻地批評獄吏的惡行，指出獄吏常常濫用酷刑逼供，也指出很多犯人本來沒有犯罪，只是受不了酷刑而認罪。審問者雖然明知是冤案，也把供詞向上呈報，並且加重筆墨，使上級相信口供屬實。上級官員只憑供詞判案，常常以為這等犯人罪大惡極，即使判死刑也未能抵償。路溫舒建議皇帝廣開言路，推行德政，減少刑罰，以仁義治國。

〈尚德緩刑書〉還提到咎繇，亦即相傳堯帝時的皋陶。咎繇是上古時代的司法家，他制定刑法和教育，用獨角獸獬豸治獄，主張刑教兼施，以公正嚴明著稱。路溫舒認為獄吏呈上嚴刑逼供的罪證，即使是咎繇這樣公正的官，也會相信犯人即使判死刑也未能抵罪。原文是："雖咎繇聽之，猶以為死有餘辜。"

"辜"在古代就是"罪"的意思。後人引用"死有餘辜"來形容一個人即使死了，也還有餘下的罪未償，罪大惡極之謂。

丟書包

甲："這個人本來沒有學問，還學人家**丟書包**，丟臉才是！"

在工作或日常生活中，總有些人喜歡賣弄自己的學問，在言語中加入一些專業名詞，引經據典。如果這本來是沒有必要的，就會被譏諷為"丟書包"。廣東人說"丟書包"，古人較多說"掉書袋"，大概因為古時還沒有現代的書包。

"掉書袋"沿用已久，最早見於《南唐書‧彭利用傳》："對家人稚子，下逮奴隸，言必據書史，斷章破句，俗謂之掉書袋。"意思指彭利用這位南唐文士，不管甚麼場合，也不管對象是誰，包括對着家裏的小孩子和下人，也會賣弄自己的學識。小孩子和下人教育程度低，彭利用的學問當然比他們好得多，那算得上甚麼呢？所以"掉書袋"乃譏諷別人淺薄。

"掉書袋"是一個負面的形容詞。一個人在文章或言談中，在沒有必要時故意用典，或用虛浮的詞句，反顯得華而不實。宋代陸游和辛棄疾被稱為豪放派的詞家，稍後期的詞人劉克莊批評他們仍有造作，他在〈跋劉叔安感秋八詞〉中評論說："近歲放翁、稼軒一掃纖豔，不事斧鑿，高則高矣，但時時掉書袋，要是一癖。"

所以，書包不是隨時可以丟的。不得其法，丟錯書包，就會產生笑話，惹來批評。

名落孫山

甲："阿德今天請假，又是去參加公務員考試，他説非要考到政務官不可！"

乙："他已經第五次考，每次都**名落孫山**，再接再厲，我們得佩服他的毅力！"

······

"**孫**山"不是一座山，"名落孫山"也並非説一個人的名字落到孫山腳下。

相傳宋代吳地有一位名叫孫山的人赴試場應試，剛好鄰家的兒子也考同科，鄰居懇請孫山與其子結伴同往科場，互相照應。放榜的時候，鄰居看不見兒子的名字，問孫山："我兒子究竟考得怎麼樣？"孫山不好直説，編了兩句詩回答："解名盡處是孫山，賢郎更在孫山外。"意思是説：上榜名單中孫山排名最後，也就是最後一個考上榜的人，而您的兒子排名在孫山之後，即是沒有上榜，落第了。

故事出於宋代筆記范公偁《過庭錄》。"名落孫山"就是沒有考中，或沒有被選上的意思。

"名落孫山"其實語意未詳，正確説法應該是"名落孫山之外"。

衣鉢真傳

甲：“想不到這家私房菜這麼好，水準極高！”

乙：“廚師是世紀名廚的得意弟子，不但得到名師**衣鉢真傳**，看來還青出於藍！”

“衣鉢真傳”是指得到老師或藝師傳授所有學問或功夫，本來是佛家的用語。

在印度，佛教僧侶身外之物只有一件袈裟（僧人的服裝）和一個用來盛載食物的鉢子。僧人每天只吃一頓餐，托鉢沿門討食，佛教徒供應飯菜給僧人是積功德的布施。

佛教傳入中國之後，風俗漸改，僧人不再托鉢過活，但一衣一鉢仍然是僧人最重要的物品，特別是禪宗，象徵意義甚大。禪宗在傳授掌門人時，即以傳授一衣一鉢為儀式。

中國禪宗從初祖開始，代代相傳到五祖弘忍。弘忍大師在觀察尋選合適弟子繼承的時候，看出弟子們互相猜忌，只有一個小弟子慧能智性最高，德行也好，但他常常被其他和尚欺侮。弘忍選中了慧能，恐怕其他大弟子妒忌生事，於是在一天夜裏暗地把衣鉢傳了給慧能。慧能後來到了南方，開創了禪宗南派，繼承了中國禪宗的正統。以衣鉢為證，慧能成為禪宗六祖。

傳授衣鉢本來是佛教儀式，後來被廣泛用到其他學藝或授業上。老師總想找到一個像慧能那麼聰明的徒弟以繼承學問或手藝；幸運的弟子獲老師全盤傳授，就得“衣鉢真傳”了。

好好先生

甲："下星期我想休假兩天,不知道誰肯跟我調一下?"

乙："找小陳商量一定成,他是出了名的**好好先生**!"

"好好先生"出自三國時期司馬徽的故事。司馬徽是東漢末年一位隱士,別號水鏡先生,他善相知人,但從不論人長短,曾經給劉備推薦了諸葛亮和龐統。《後漢書》記載了司馬徽一個故事:

司馬徽從來不說人家閒話,人家談論他人好壞,司馬徽都說一個"好"字。一天,有人問司馬徽近日可好,司馬徽答:"好!"又有人告訴他:"陳先生的兒子死了。"司馬徽也回答說:"好!"司馬徽的妻子聽了,怪責說:"人家以為你有德行,所以才告知死訊,你聽到人家的兒子死了還說好?"司馬徽對妻子說:"聽了你這幾句話,也是很好的啊!"所以,人稱司馬徽為"好好先生"。

現實生活上相信不會人像司馬徽那樣不分青紅皂白都說好,但"好好先生"成了一個借喻,被引用作兩種意思:

其一是形容一個人性格隨和,從不計較,隨時幫忙別人,對別人很好。

另一意思指一個人生活正常,沒有半點壞習慣和嗜好,人們也會稱之為好好先生。

百聞不如一見

甲："排隊三個多小時，才買到《清明上河圖》展覽的入場券！"

乙："那麼著名的國寶級文物，難得來香港展覽，**百聞不如一見**，值得的！"

"**百**聞不如一見"出於多種古書，說法稍有不同，意思都是一樣。

《荀子·儒效》："聞之不若見之。"

《說苑·政理》："耳聞之，不如目見之。"

《後漢書·馬援傳》："傳聞不如親見，視影不如察形。"

《魏書·崔浩傳》："耳聞不如目見。"

《漢書·趙充國傳》記載一個典故：漢宣帝時，西北的羌人侵擾中原愈來愈嚴重，大臣等決定派軍攻剿，可是沒有一個大臣願意領軍出征。當時年已七十六歲的老將趙充國自告奮勇，請纓領兵到西北去。宣帝甚喜，問趙充國需要多少兵馬、武器和糧草。

阿東.

趙充國回答説實際情況尚未清楚，無法估計所需。"百聞不如一見"，他要求親自前往察看，再定用兵方略。

趙充國到了西北的金城郡，渡過黃河，親自偵察羌人的勢力和動向，定出了一個名為"全師、保勝、安邊"的駐兵屯守計劃，奏請宣帝。最初朝臣主張力攻，趙充國不斷反覆陳述和分析實際情況，後來朝臣十之有八贊成他的方略，終於平定西北，結束了長期的不穩局面。

"百聞不如一見"形容親自了解情況，比千百種間接傳聞可靠。後來又引申用作增廣見識，大開眼界的意思。

此地無銀三百兩

母：　"誰吃了冰箱裏的月餅？"

子：　"媽媽，不是我！我不喜歡吃五仁月餅！"

母：　"你沒有吃又怎知道是五仁月餅呢？此地無銀三百兩，不打自招！"

"此地無銀三百兩"，比喻一個人做了不欲人知的事情，為了掩飾而做出一些啟人疑竇的行動或解釋，結果適得其反，露出馬腳被人識破。俗語出於一個幽默的民間傳說：

村裏有一個村民張三。一天，張三發了橫財，得了三百兩銀子。他一生都未嘗有過那麼多的錢，總是怕賊人來偷，放在哪兒都不放心。後來張三想到一個辦法，那天夜裏見四下無人，就在屋後的空地挖了一個洞，把銀子埋在地下。回到屋裏躺在牀上，張三愈想愈不放心，於是又爬起來，跑去屋後，在埋銀洞邊的牆上寫了幾個大字："此地無銀三百兩。"這才安心睡覺。

張三的鄰居王二，半夜聽到屋後有人挖土的聲音，好生奇怪，待一切靜下來就跑出屋外查看。王二在月光下見到"此地無銀三百兩"七個字，歡喜若狂，悄悄把銀子挖了出來，再把泥土填好，捧了銀兩回家去。王二躺在上，愈想愈覺得不妥，想如果張三發現失去銀子，自己就在隔鄰，一定會受到懷疑。王二爬起來，拿了筆到屋後去，在牆上也寫了七個大字："隔壁王二不曾偷。"

如果這故事是真的，那後果當然不宣而喻了。

吹牛

甲女："今天是情人節，我們那位老姑娘老闆打扮得花枝招展，說她的
　　　歌星男朋友請她吃燭光晚餐，誰信？"
乙女："人家是老闆，吹**吹牛**，我們不作聲就是了！"

西方俗諺形容人說謊或言辭浮誇為"吹空的角號"，或者是
"吹喇叭"，意思是聲音大而無實際行動。廣東話則謂"車
大炮"或者"吹牛"。同樣的形容詞，為甚麼我們吹的不是號角或
喇叭而是吹牛呢？牛又怎吹呢？

　　此詞與另一俗語"拍馬屁"同源於中國西北地區，"吹牛"其
實是"吹牛皮"。西北人養牧，日常用品多以皮革製成，例如渡河
用的皮筏。因為河水湍急，不宜行船，木筏也容易翻倒，當地人
就發明了用結實的牛皮或羊皮做成皮袋，經過特別工序用植物油
浸製防腐，皮袋變得不透氣不透水，袋口用一個塞子作閥。幾個
皮袋綁在一起，就成皮筏。渡江時人們把皮筏張開，往皮袋吹氣，
皮筏漲起，放到水裏就可以浮起來載人載貨。

　　皮筏是用空氣漲起來的，內中無實物，
後人諷刺專事空談或作浮誇之言比喻為
"吹牛皮"，簡化為"吹牛"。今天北方
人仍有說"吹牛皮"的，兩詞皆通用。

快刀斬亂麻

甲： "老闆，有關部門調查大文工廠工業安全導致工人生肺病是真的，聽說問題很嚴重。前一批貨我們還未付款，是否先停付？如果現有的訂單交不了貨，就用來扣回訂金。"

乙： "不！**快刀斬亂麻**，即刻付清貨款，同時中止新訂單，蝕訂金總比將來受牽連被告好些！"

"**快**刀斬亂麻"，典出《北齊書》文宣帝的故事：

北朝時東魏孝靜帝的丞相高歡有幾個兒子，都很聰明好動，只有次子高洋從小沉默寡言，對事情總是愛理不理，眾人都說高歡諸子之中高洋最沒出息。

有一次，高歡有意測試幾個兒子的才智，找來一堆纏得百結難解的亂絲，要兒子們設法理順，並且要比賽誰整理得最好最快。各兒紛紛抽絲解結，誰都愈解愈亂。這時高洋找來一把利刀，揮幾下就把亂絲全斬斷了，第一個向父親報告完成任務。高歡怪而問其故，高洋簡單地說："亂者必斬！"

高歡聽了又驚訝又歡喜，心中暗想："果敢決斷，此子將來必有出息。"果然，高洋後來篡奪了孝靜帝的帝位，成為北齊的文宣帝。

"快刀斬亂麻"後來被引用形容人行事果斷快速，不會被小枝節所左右。不過，可以是毀，也可為譽。"不要猶疑了，快刀斬亂麻，速戰速決！"和"不深思熟慮，快刀斬亂麻，總會出亂子！"二者之間，意思就極為不同了。

言不由衷

甲："剛才那個議員的演講，我總是覺得好像背台詞一樣，毫無誠意。"

乙："這叫做**言不由衷**，誰不知道他滿口仁義道德，背後壞事做盡！"

"**言**不由衷"，又有寫作"言不由中"的，兩詞均通用，意思也相同，典故出於《左傳·隱公三年》：

春秋初期，周朝開始衰敗，但表面上仍然維持正統地位。鄭國的武公和莊公都曾出任周的卿大夫，但他們已經不把周平王和周王室放在眼內。周平王是一個軟弱的君主，既要依靠鄭莊公處理朝政，同時又寵信鄭莊公的對頭虢公忌父，鄭莊公為此甚為不滿，公然表示怨恨。周平王為了平息鄭莊公的怒氣，表示不會讓虢國公取代其地位，更把周太子狐送到鄭國，換取鄭公子忽到周，也就是雙方交換兒子作為人質。

周平王死後，他的孫子繼位為桓王，桓王對鄭莊公很不放心，準備用虢國公取代鄭莊公出任卿大夫，鄭莊公得知，很不高興。他本來就有爭霸之心，就在當年四月和七月，分別出兵把屬於周的溫邑和成周兩地的穀子割走。周、鄭的關係從此惡化。

當時的史官評論說："信不由中，質無益也。"意思是人與人之間，國與國之間的信任，若非出自真心，即使交換了人質也是無用的。

後人改"信不由中"為"言不由中"或"言不由衷"，比喻人口心不一致，說甚麼都是無意義的。

谷氣 · 搰氣

甲： "老王最近到處向人訴苦，說你不再把房子租給他，趕他走，不近人情，有這樣的事？"

乙： "因為是老朋友，十年沒有加租，還說我不近人情？他已經十個月沒有交租，催他就罵我，我還要請律師他才搬走，你說，我是不是**憋一肚子氣（搰氣）**？"

一個人因事憋一肚子氣而不能發作，廣東俗語說是"谷氣"，這是香港慣用的俗寫。其實"谷氣"是不合理的，"谷"是深的，與鼓一肚子的氣，意思有點相反。

"谷氣"是廣東口語，必要書寫的話，似乎"搰氣"更為恰當。

"搰"在粵語有兩個音，一與"局"同音，另一與"谷"同音。

《呂氏春秋 · 盡數》："精不流則氣鬱 …… 處耳則為搰為聾。"由是可見，"搰"是氣鬱不通，也可解釋為憋氣了。

局縮・局促

妻："今天我去表哥的新居，三百多萬的單位，小得多兩個人就轉不了身！"

夫："寸金尺土，樓價飛漲，新樓小，樓頂低，很**局促**的，怎像舊樓那麼開闊！"

形容地方狹小，例如居室狹窄，放了傢具後幾乎不能轉身，廣東話說"局縮"或"局促"，也有寫作"侷縮"或"侷促"的，前二者是較古的詞。

"局促"是緊迫狹窄的意思。

宋代李昉《太平御覽・異物志》記載了漢代"有竹曰簹，其大數圍，節間相去局促。"即是竹節之間很短。

"局促"也有拘束或窘迫的意思，粵語中也常用。

《後漢書・仲長統傳》："六合之內，恣心所欲，人事可遺，何為局促？"

"局促"是常用詞，但"局縮"則很多人以為是廣東口語，其實此詞甚古，是狹小的意思。

漢代劉熙《釋名・釋姿容》："褏數，猶局縮，皆小意也。"

廣東人經常用的形容詞"局縮"，沿於古代。

《宋書・五行志》："晉武帝太康後，江南童謠曰：'局縮肉，數橫目，中國當敗吳當復。'"這裏指晉武帝怯懦不開朗，畏首畏尾。

唐代韓愈《昌黎集》的詩〈送諸葛覺往隨州讀書〉有句："我雖官在朝，氣勢日局縮。"這裏指的是氣勢不足。

見周公

母：“囡囡，這麼晚了，還有一門功課沒有做完，你想怎樣？”

女：“我想去**見周公**呀！”

廣東人準備睡覺時，常常開玩笑說：“我要去見周公了！”或者是“我要同周公傾偈（聊天）！”

周公是周朝的姬旦，周文王的兒子，又名周公旦。周公輔助文王之子伐紂成功，滅商而建立周朝。文王之子即位武王，周公輔政。後來武王死，成王年幼繼位，周公又攝政輔助成王，平定多次叛亂。周公是中國歷史上的著名人物，傳說周的禮樂制度都是周公所定的。

睡覺與見周公有何關係？故事出於孔子《論語·述而》。孔子曾歎說：“甚矣吾衰也！久矣吾不復夢見周公！”孔子以前大概經常在夢中見到周公，做夢當然是睡覺的時候了。

到了唐代，詩人盧仝夢見周公，還把夢事入詩，《玉川子詩集》中〈走筆謝孟諫議寄新茶〉詩中有句：“日高丈五睡正濃，軍將叩門驚周公。”

由孔子到詩人都夢見周公，似乎周公總在人家的夢裏出現，所以我們想“見周公”，最好就是睡覺了！

近水樓台

甲："小陳和瑪莉宣佈結婚了。小李追求瑪莉三年，小陳幾個月就娶得美人歸，有本事！"

乙："你有所不知，小陳**近水樓台**，和瑪莉同住一區，上下班都有機會在一起，小李就吃虧了！"

"近水樓台"應該是"近水樓台先得月"，語出宋代蘇麟的詩句，故事記載於同代俞文豹的筆記《清夜錄》：

宋朝宰相范仲淹性情耿直，待人誠懇，知人善任，對下屬尤其愛惜，見到下屬或同僚有才能，往往毫不保留地盡力推薦，許多人因此在官場熬出頭來。

范仲淹在杭州當知府的時候，蘇麟在其屬下任職一個外縣任巡察，地方遠離杭州，要見到范仲淹並不容易，難以獲得賞識，所以一直沒有得到范的提拔。後來蘇麟寫了一首詩給范仲淹，其中兩句是："近水樓台先得月，向陽花木易為春。"

精明的范仲淹讀到詩句，明白蘇麟暗喻近在自己身邊的人總會先得到提拔，只是遺漏了遠方的他。不久他替蘇麟寫了推薦信，蘇麟也就升官了。

此後，"近水樓台"被借用來比喻由於個人有就近的關係，或者職務環境的便利位置，因而優先取得利益或方便。

阿東.

作威作福

甲： "聽到消息，公司決定升黃副總做總經理，不是張某人！"

乙： "這是好消息。老張只是署理總經理，已然**作威作福**，如果升為老總，我們可慘了！"

"作威作福"通常用以形容妄自尊大，恃權凌弱，橫行霸道的人。這句話原本是"作福作威"，語出《尚書・洪範》："惟辟作福，惟辟作威，惟辟玉食，臣無有作福作威玉食。""辟"指古代君王或諸侯，意思是說只有君王諸侯才可以賜福和獨施威權，也只有君王侯才可以享受珍貴的食物，做臣子的不可以逾越享用。

東漢時，《後漢書・李固傳》也記載了一個故事：

東漢宦官當道，擁立廢太子劉保；劉保十一歲即位為漢順帝。漢順帝只是傀儡皇帝，一切大權均操縱在以孫程為首的宦官手中。宦官不但自行封侯，並且把爵位傳襲給義子，親朋都加官晉爵。宮內宦官不少，不免互相爭鬥，弄得朝政十分混亂。後來李固當上太尉，他藉皇后梁氏的勢力對抗宦官。李固甫上任即奏請漢順帝裁免了一百多名宦官。宦官對李固當然恨之入骨，遂與國舅兼大將軍梁冀聯手，向漢順帝誣告李固。宦官羅列李固的罪名當中有一項是"斥逐近臣，不得侍送，作威作福"。

"臣無有作福作威玉食"由是變成"作威作福"，二詞意思相近，都指逾越本分，濫用權力欺壓他人。

阿東.

呷醋

男："昨夜公司酒會之後，老闆
　　說順路送你回家，你為甚
　　麼不領情？"

女："人盡皆知老闆娘是醋罐
　　子，萬一讓她知道，吃
　　（呷）起醋來就麻煩了！"

女子嫉妒，尤其妒忌丈夫與別的女子交往，通常被形容為"吃醋"，粵語説"呷醋"。"呷"是飲的意思。

據説"呷醋"出於宋代陳季常懼內的著名故事。

宋代名士蘇東坡的好友陳季常，別號龍丘居士，其妻柳氏生性善妒，且甚兇悍，陳季常懼妻乃眾所周知。一天，陳季常請客，蘇東坡和友人在陳府狂歌縱酒，放浪形骸，深夜不散。柳氏發怒，在隔壁用手杖敲打牆壁和地面，眾人皆懼，陳季常更怕得連手杖都掉在地上。蘇東坡惡作劇，即席在牆壁上題詩諷刺季常，詩曰："龍丘居士亦可憐，談空説有夜不眠，忽聞河東獅子吼，柱杖落手心茫然。"

原來柳氏乃河東人士，東坡居士以獅子形容其兇惡，後世遂稱惡妻為"河東獅"。

"河東獅"與"呷醋"有何關係？據明代《續文獻通考》記載，傳説"獅子日食醋、酪各一瓶"。民間傳聞獅子吃醋，故引申稱婦人妒忌為"吃醋"。

明末清初阮大鋮的《燕子箋》，寫唐代文士霍都梁與名妓華行雲、尚書千金酈飛雲的戀愛傳奇，第四十二回〈誥圓〉形容兩女子爭寵："他二位只管捻酸吃醋，不成個模樣。"

妒忌的言辭，有被形容為"酸溜溜"，正是"打翻醋醰，酸氣衝天！"

拍馬屁

夫："老婆，你今天剪了新髮型，漂亮多了！穿這件衣服，真好看……"

妻："你不用亂**拍馬屁**了！忽然這麼多的好話，一定是做了虧心事！"

向老闆或上司討好，或者奉承與一己利益相關的人，我們形容為"托大腳"或"拍馬屁"，兩詞異曲同工。"托大腳"在廣東話十分傳神，"拍馬屁"在南北方言中亦然。

屁怎能拍呢？即使屁可拍，為甚麼是"拍馬屁"而非拍牛屁或拍羊屁呢？

據說"拍馬屁"源於中國西北的遊牧民族，其實應該是"拍馬屁股"。西北地區每家每戶都會養幾匹馬。遊牧民族以馬為交通工具，平日把好馬拴在門前。養馬的人都愛馬，並且以養得好馬俊馬為榮。朋友見面，總會撫摸一下對方的馬，看看其身段毛色，客氣地讚美。讚美的話由客氣變成交際用語，即使對方的馬又老又殘，也會拍拍那馬的屁股，讚幾句："好馬！好馬！"

因此"拍馬屁股"成為言不由衷，討好奉承別人的意思。傳到外地，不知如何卻變成了"拍馬屁"。

兩袖清風

甲："您退休，可以享受世界啦！"

乙："你當公務員，退休有退休金，可以享受世界，我掙一頓吃一頓，沒有退休金，**兩袖清風**，享受啥呢？"

"兩袖清風"通常形容人一無所有，原與中國古代服裝有關。中國古代的服裝寬袍大袖，人們把隨身的金錢財物放在袖子。我們在電影或戲劇裏常常見到古代人物從袖子裏掏出手帕、書信、金錢或者其他的小物品，就是這道理。如果袖子裏只有清風，就表示甚麼東西都沒有了，可以推想這人一定很窮。

"兩袖清風"也常常被用來形容清官。一個當了幾十年官的人，落任時沒有甚麼財產，"兩袖清風"表示他任內沒有貪污，為官清廉，典故出於元代文人魏初的〈送楊季海〉詩，當中有兩句："交親零落鬢如絲，兩袖清風一束詩。"

較少為人知的是"兩袖清風"也可以形容一個人迎風瀟灑的姿態。元代陳基〈次韻吳江道中〉詩中有兩句："兩袖清風身欲飄，杖藜隨月步長橋。"即是說此人飄然瀟灑。

抵・抵死

甲：“老陳最忌諱的就是自己的禿頭，他生日，小李故意送他一套理髮用品，搞得老陳啼笑皆非！”

乙：“小李真夠損夠絕（夠**抵死**）！不過老陳平常對人那麼刻薄，給小李作弄，也是活該（**抵死**）！”

一個人做了錯事壞事，得到惡果，廣東話説：“抵死！”

“抵”是一個很古的字，有很多不同的意思。廣東話“抵死”的“抵”相近有兩義，其一是價值相當，其二是抵償。

《周禮・地官・泉府》：“買者各從其抵。”杜甫名詩〈春望〉的名句：“烽火連三月，家書抵萬金。”這兩個出處的“抵”，都是價值相當的意思。

“抵償”的“抵”就更明顯，例如一個人因殺人而被判死刑，就是殺人抵命，可以説是“抵死”，死有餘辜的意思。

古代也有“抵死”一詞，並不是現代廣東俗語“抵死”的意思，是形容人冒死、竭力堅持，也可解作終究。在古代，“抵死”不但不俗，還是雅詞，經常被寫入詩詞。

南宋詩人楊萬里《誠齋集》的詩〈梅熟小雨〉：“留許枝間慰愁恨，兒童抵死打黃梅。”指小孩子在竭力打摘黃梅。又見於蘇東坡詞〈滿庭芳〉：“思量能幾許？憂愁風雨，一半相妨，又何須，抵死説短論長。”

在當代粵語，形容作弄別人的點子夠絕，可以説是“抵死”，那不是説這個人死有餘辜。

調笑間説的“抵死”，可勉強解作“謔而又虐”，但“抵死”傳神之處，就只有廣東人心領神會了。

拆穿西洋鏡

甲：　"那個神秘富豪的醜聞愈來愈精彩，他說財產一半是祖業，一半
　　　是自己長袖善舞賺的，原來是待候富婆得來的。他的父親是小學
　　　教師，兩袖清風。他說自己在哈佛大學畢業，記者查到大學根本
　　　沒有這個畢業生！"

乙：　"**西洋鏡**，早晚會被人**拆穿**的！"

揭 破別人弄虛作假，廣東俗語說 "拆穿西洋鏡"。
　　　"西洋鏡" 是清代流行的一種街頭玩意，原為江寧人所始
創。那是一種外方內圓的木匣子，內裏裝放了微型的花草樹木，
鳥獸蟲魚，甚至亭台樓閣。木匣頂有一個圓孔，用五色鏡片或五
色玻璃紙封。賣藝者在街頭招徠，讓顧客透過圓孔觀看木匣內的
世界。五色鏡有折射和放大作用，看起來匣子內的景色五彩繽紛，
非常悅目。

　　　西洋鏡裏的世界雖然美好亮麗，但都是假的佈局，借喻人以
虛假的東西來蒙騙別人而被識破，揭穿騙局或拆破謊言，謂之 "拆
穿西洋鏡"。（穿，廣東話，破漏的意思。）

佳麗‧佳人

甲：“今天看來心情甚好，還穿得那麼整齊！”
乙：“下班之後**佳人**有約！”

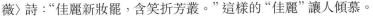

世界各地都流行選美，參加選美的女子稱為“佳麗”。“佳麗”，一般指美麗的女子。

“佳麗”在詩詞文學作品中經常出現，最著名的莫如白居易〈長恨歌〉的詩句：“後宮佳麗三千人，三千寵愛在一身。”鮑泉〈詠薔薇〉詩：“佳麗新妝罷，含笑折芳叢。”這樣的“佳麗”讓人傾慕。

然而，古代的“佳麗”不一定指姣好的女子，而是一個形容詞，美好的意思。屈原《楚辭‧九章》：“好姱佳麗兮，胖獨處此異域。”這裏並不指女子。李白詩〈答高山人〉：“文章多佳麗。”當然也不是說文章裏有很多美人，而是說文章很好。

與“佳麗”異曲同工的是“佳人”。《古詩十九首》有詩句：“燕趙多佳人，美者顏如玉。”《淮南子‧說林》的：“佳人不同體，美人不同面，而皆悦於目。”這都是形容美麗的女子，讓人看得悅目。

“佳人”和“佳麗”一樣也不一定指女子，例如漢武帝〈秋風辭〉：“蘭有秀兮菊有芳，懷佳人兮不能忘。”他不是懷念心愛的女子，而是懷念美好的人。

“佳人”也可以用來形容有才幹的人。《三國志‧魏志‧曹爽傳》云：“曹子丹佳人，生汝兄弟，犢耳。”曹子丹就是曹爽的父親。

“佳麗”和“佳人”都是美好和讚美的詞。在選美會中，參選的小姐們卻常常說：“我們這班佳麗如何如何……”自稱佳麗，實在不恰當。

炒地皮

甲："怎麼愁眉苦臉？"

乙："去年我跟朋友一窩蜂在美國**炒地皮**，貪便宜，買了才知那些地渺無人煙，不要說沒法炒，根本沒有人買，上了當！"

"炒地皮"是近代常用語。"炒"指炒賣，"地皮"就是土地。

"炒地皮"一詞原來相當古老，最初並不一定與地產有關，而是泛指投機取巧，從人家所得謀取利益。

貪官污吏搜刮民財，稱為"捲地皮"或"刮地皮"。唐代詩人盧仝《玉川集》〈蕭宅二三子贈答詩〉有句："揚州惡百姓，疑我捲地皮。"意思是說百姓懷疑他搜刮民脂民膏。

"地皮"，原本地面或地下的意思。韓愈《昌黎集》的詩〈題於賓客莊〉有兩句："榆莢車前蓋地皮，薔薇蘸水筍穿籬。""蓋地皮"就是鋪地面。

今天俗語的"炒地皮"，就是由"捲地皮"、"刮地皮"觸類旁通而來。

"蓋地皮"，香港人可能會聯想到"鋪草皮"。"鋪草皮"是種植青草的意思，不過在香港別有所指，即賭馬輸了。馬場都是草地，維持草地是很昂貴的；馬迷輸了錢，自我解嘲說只是貢獻給賽馬會鋪草地而已。

事頭 · 事頭婆

老闆娘："陳先生，你訂的兩箱酒到了，總共六千五百元。"
顧客："**老闆娘**，不對呀！我訂的時候**老闆**說給我打九折的！"
老闆娘："是嗎？沒問題，他說的算！"

"老闆"與"事頭"，"老闆娘"與"事頭婆"，在粵語裏是互通的，過去在廣州和香港，"事頭"和"事頭婆"更為流行，現在香港仍通用。"事頭"中的"頭"字轉聲唸陰上聲，但"事頭婆"的"頭"字則仍保持原有字音，這是廣東口語轉聲的特色。

"事頭"和"事頭婆"是粵方言用語，廣東以外地區是否也流行則有待查考。《辭海》和《辭源》都沒有收錄"事頭"，目前能找到"事頭"較早和較明確的解釋，出於清代屈大均《廣東新語·土言》："搖櫓者曰事頭，《宋書》：'蕭惠開有舫十餘，事力二三百人。'事頭者，事力之首也，立桅斗者曰班首，司篙者曰駕長，打繂者曰繂夫。香山謂佃而服役者曰入倩，謂田主曰使頭，其後反以佃戶之首為事頭。"

按屈大鈞的解釋，"事頭"是勞工的領班，也可能是僱用勞工的東主，後者比較接近"老闆"意思。近代廣東或香港，"事頭"多指生意或買賣上的老闆。舊日香港中上人家都僱有順德女家傭，女傭稱東家夫婦為"事頭"和"事頭婆"。

風騷

"老王中了六合彩嗎？為甚麼今天這麼得意（咁**風騷**）！"

今天"風騷"一詞多形容女性嬌媚，甚至帶有妖冶的意味，但"風騷"原與女性毫無關係，且是文學上崇高的讚美。

"風"指《詩經》的《國風》，"騷"指《楚辭》的《離騷》。《詩經》有十五《國風》，《楚辭》則以屈原的《離騷》最為著名。

"風騷"作為一個詞語，最早見於《宋書·謝靈運傳》："自漢至魏，四百餘年，辭人才子，文體三變……莫不祖同風騷。"意思是四百多年來，文體雖不斷在變，但仍以《國風》和《離騷》為典範。因此，讚美別人的詩作"媲美風騷"，乃極高的稱譽。

唐代以後，"風騷"發展至泛指詩文作品。清代趙翼的筆記《甌北詩鈔》有絕句《論詩》："江山代有人才出，各領風騷數百年。"意思是各代不斷有人才，先後在詩詞文學中佔了領導地位。

到了元代雜劇，"風騷"才開始被用來形容女性的俊俏和秀麗。例如《倩女離魂》中有一段說："他都管是意不平，自發揚，心不遂。十分的賣風騷，顯秀麗，誇才調。"

《紅樓夢》中形容女子："身量苗條，體態風騷。"

元代以前，即使是形容女子，"風騷"都是正面的形容詞，到了近代才帶有輕佻、放蕩、妖媚的含義。

在香港，"風騷"一詞又有形容"得意"的用法，例如說一個人得意洋洋，可以說："幾咁風騷！"

風流

甲："你和我要加班趕進度，怎麼小陳也幹到那麼晚？他沒有甚麼要趕的吧！"

乙："不是他自己的工作要趕，他在幫瑪莉趕營業報告！"

甲："噢！那辛苦也值得，所謂牡丹花下死，做鬼也**風流**！"

....

"**風**流"原有多種意思。

一、教化流行。

《漢書・董仲舒傳》："伊欲風流而令行，刑輕而奸改，百姓和樂，政事宣昭。"

二、風俗教化。

《漢書・刑法志》："風流篤厚，禁罔疏闊。"《晉書・李重傳》："司徒總御人倫，實掌邦教，當務峻準評，以一風流。"

三、英俊傑出。

《世說新語・賞譽》記載晉代鴻儒范寧稱讚比他後生的文人王忱："卿風流俊望，真後來之秀。"

四、有才而不拘禮法的氣派。

《世說新語・品藻》提及韓康伯"居然有名士風流。"

《晉書・王羲之傳》附王獻之，形容為："少有盛名，而高邁不羈 …… 風流為一時之冠。"

五、女子風韻。

《全唐詩》五代後蜀〈花蕊夫人宮詞〉："年初十五最風流，新賜雲鬟便上頭。"

最接近今天作為男女之間的用法"風流事"出現於唐詩。五代後周王仁裕《開元天寶遺事·風流藪澤》載："長安有平康坊,妓女所居之地。京都俠少,萃集於此 …… 時人謂此坊為'風流藪澤'。""藪",也是大沼澤的意思。

後生可畏

甲： "電腦程式設計比賽揭曉，這次獲獎冠軍是一個二十二歲的大學生。很多資深電子工程師都敗在他手下！"

乙： "真是長江後浪推前浪，**後生可畏**！"

甲： "你有沒有看今天的新聞，幾個女學生居然打劫的士司機！"

乙： "而且都是十四五歲。唉！世風日下，**後生可畏**！"

據《辭源》，"後生"本來有幾種解釋。

最早的意思是指子孫後代，見於《詩經・商頌・殷武》："壽考且寧，以保我後生。"是祈求上天保佑其子孫。

第二個意思是後輩，見於孔子《論語・子罕》："後生可畏，焉知來者之不如今也？"你怎知道後輩會不如我輩？

第三個意思是指年青人，最早見於南朝宋鮑照《鮑氏集》〈三代少年時至衰老詩〉的詩句："寄語後生子，作樂當及春。"

早年在香港或廣州，辦公室的雜工也叫"後生"，可能當雜工的多是年青力壯者，故而名之。二三十年前打開香港報紙的招聘版，常常會見到"招請後生"的廣告。

阿東.

"後生可畏"中的"畏"字，一般的用法是正面的。例如孔子說的"後生可畏"，"畏"是敬佩的意思，教人不要小覷年青人。又在南朝劉義慶《世說新語・文學》引用《王弼別傳》談到吏部尚書何晏評價王弼："後生可畏，若斯人者，可與言天人之際矣。"這是稱讚王弼有才，見到這樣的年青人，任何學問都可以和他談了。

　　"後生可畏"本來是正面的讚美辭，但後來也有借用"畏"字作為"可怕"解，那是近年香港的事。

是可忍孰不可忍

甲："**是可忍，孰不可忍**，哪兒有洗手間呢？"

乙："此'忍'不同彼'忍'，不要亂用古語呀！"

"**是**可忍，孰不可忍"表示人的容忍度已到了極限，語出孔子《論語‧八佾》："孔子謂季氏，八佾舞於庭，是可忍也，孰不可忍也。"

季氏是魯國的諸侯，何以使孔子覺得不能忍呢？春秋時代，禮制是維持天下的重要元素，孔子最重禮制。當時宮廷和官員的舞樂隊規模都有定制：天子八佾，諸侯六佾，公卿和大夫四佾。"佾"是八人組成的一行，"八佾"就是六十四人的舞樂隊。孔子見到魯侯居然用了天子專用舞樂隊的規模，這是不可容忍的逾越，意味魯侯已經不把周天子放在眼內了。

"是可忍也，孰不可忍也！"孔子的意思是：如果這樣的事都可以容忍，那麼還有甚麼事不能容忍呢！

食指大動

夫：“一進門口就聞到香味，有好吃的？”
妻：“我做了一個紅燒蹄膀。”
夫：“那麼香，誰都會**食指大動**了！”

美食當前，令人垂涎，我們難免“食指大動”。這是生活中常常用到的說法，“食指大動”有一個真實的歷史典故，出於《左傳·宣公四年》：“楚人獻黿於鄭靈公，公子宋與子家將見，子公之食指動，以示子家，曰：‘他日我如此，必嘗異味。’”

春秋戰國時，公子宋（字子公）和公子歸（字子家）都是鄭國的貴戚。有一回，有楚人獻了一隻類似龜的大甲魚給鄭靈公，鄭靈公命人烹煮了，分給眾人品嘗。公子宋的食指忽然動起來，公子家問何故，公子宋回答說：“食指大動的時候，我總會嘗到珍味！”此事被鄭靈公知道了，頗為不悅。待甲魚煮好，鄭靈公賜給眾公子和大臣，偏偏沒有分給公子宋。

公子宋動心想吃美味的甲魚而“食指大動”，原意是比喻一個人覬覦屬於別人的東西。

今天常用“食指大動”來形容面對美食而心動，就再也沒有負面意思了。

“食指”，也指家中人口。明代錢子正《綠苔軒集》的詩〈溪上所見〉有句：“家貧食指眾，謀生拙於人。”在過去，子女或親屬眾多的大家庭，一家之主的經濟壓力重，可以說是生計不易，食指繁多。

食言

甲："我又上了那人的當,他求我做擔保人,聲明事成給我一成佣金,
決不食言。現在生意完成,他卻人影都不見了!"

乙："你相信他?這人向來不講信用,**食言**當作食菜啦!"

"食言",指言而無信,出於古書《爾雅》:"食,言之偽也。"
就是說假話的意思。《爾雅》還繼續解釋:"言而不行,
如食之消盡,後終不行,前言為偽,故通稱偽言為食言。"換言
之,如果言而不行,就等於東西給吃掉,消化後就甚麼都沒有了;
說了而不實行的諾言,就等於"食"掉一樣。

相傳最早引用"食言"一詞是商代的湯帝,《尚書·湯誓》記
載湯帝說:"爾無不信,朕不食言。"

《左傳·哀公二十五年》記載了一個更著名的"食言"故事:

春秋時期,魯國大夫孟武伯一向言而無信,國君魯哀公為此
對他也很不滿。一天,魯哀公設宴,孟武伯和另一位大臣郭重都
在座。郭重很受魯哀公信任,孟武伯一向嫉妒,常常對郭重譏諷
和侮辱。郭重身材肥胖,這天在宴會上孟武伯又借機諷刺他說:
"你吃了甚麼東西可以長得那麼胖啊?"魯哀公聽到很不高興,當
着群臣說:"食言多也,能不肥乎!"

魯哀公好像是說郭重"食"得太多言,故而肥胖,實在大家都
明白他在反諷孟武伯言而無信。成語"食言而肥"即由此典故產
生,再引申至形容一個人表示堅守承諾時,就說"決不食言"了。

染指

甲："新聞披露，那個大富豪成功收購《城中日報》。"

乙："他早就想**染指**傳媒業，相信這是第一步而已。"

"食指大動"的故事，還有下文。《左傳·宣公四年》繼續記載："及食大夫黿，召子公而弗與也。子公怒，染指於鼎，嘗之而出。"

鄭靈公烹黿與眾分享，公子宋早已"食指大動"，誰知鄭靈公偏偏不分給他。公子宋十分不高興，在眾人分食甲魚的時候把食指放進鼎裏，蘸了甲魚的汁往嘴裏送，然後忿然離開。

公子宋以食指蘸汁，表示鄭靈公不肯給他的東西，他有辦法得到。"染指"一詞由是產生。設法取得一些不屬於自己或不應該得的事物，謂之"染指"；常常想要得到不屬於自己的東西，則為"常思染指"。

歷史上公子宋和公子家後來合謀，奪取了鄭靈公的王位。

《全唐詩》中皮日休的〈酒中十詠〉："開眉既壓後，染指偷嘗處。"

"染指"古時也有用"染黿"；黿就是楚人獻給鄭靈公，類似龜的大甲魚。唐代黃滔《黃御史集》的〈謝試官〉："非敢染黿……"

迷津‧問津

甲："很久不見，最近如何？"

乙："經濟不景，生意不順，想結束改行，又下不了決心，真希望能有人指點**迷津**。"

人在碰到一些迷惘而看不清前路的事情，總希望有人"指點迷津"，給自己參謀指點。

"迷津"語出唐代詩人孟浩然〈南還舟中寄袁太祝〉的詩句："桃源何處是？遊子正迷津。""津"是古時河流的渡口，也有過渡的意思。孟浩然用遊子迷津來比喻找不到路途。

"迷津"也是佛教用語，指迷妄的境界。

請別人指點"迷津"，就是向人"問津"了。"問津"典出《論語‧微子》孔子的一個故事：

有一天，孔子和弟子到了河邊，找不到過河的渡口。孔子見到兩個正在耕種的人，原來正是當時著名的隱士長沮和桀溺。孔子派子路去問渡口何在，長沮反問子路："掌車的是誰呢？"子路答："是孔丘。"長沮再問："就是魯國的孔丘嗎？"子路答是，長沮就說："那他自己就知道津渡在哪兒了。"

子路又問桀溺，桀溺反問子路是誰。子路答："我是由。"桀溺問："就是孔子那學生嗎？"子路答是。桀溺說："天下的人都是一樣的，走到哪兒也無分別。你跟隨一個避世的人，倒不如跟隨一個避開世界上所有人的人！"說完就繼續耕田，不理睬子路。

子路回稟老師，孔子想了一會就明白了，歎說："我是人，就不能離開人而與鳥獸同群，可是我該和誰人在一起呢？只要天下有道，我就一定不會和他（指隱士）交換位置的。"

這故事原指孔子在尋找他的道和同道中人，仍然是入世的；他並不贊同隱士與鳥獸同群而不問世事。"問津"一詞後來就被引申為問道、問前途或問難等等。

鬼畫符

子：“媽咪！我做完功課，踢球去！”

母：“讓我看看……怪不得你做得這麼快！這篇功課簡直是**鬼畫符**！”

“鬼畫符”形容字體潦草，別人都看不懂。傳統中國社會，特別在農村地方，人一般比較迷信，常常會在門前、樹頭或房子一些特定的地方貼符，相信可以阻擋災禍，也可以納福。

“符”指神符，通常由仙姑或道士揮寫；他們聲稱身上有神託付的力量，畫符要有神力。符寫在黃紙上，是一堆糾纏得彎彎曲曲的線條，似字非字，似畫非畫，常人看不出是甚麼，只有畫符的仙姑道士才能解釋其意。至於符是否靈驗，得問求符人是否靈驗了。

仙姑道士畫的符別人難以看懂，鬼畫的符是否比人畫的符更難看呢？相信沒有人會看過鬼畫符，只是想像而已。

以“鬼畫符”形容字跡潦草，見於不少古籍。金代著名詩人元好問《遺山集》十一〈論詩三十首〉有詩句：“真書不入今人眼，兒輩從教鬼畫符。”“真書”就是楷書，意思說當時的人已不懂楷書，孩子都無章法地亂寫字。

清代趙翼在《甌北詩鈔》一首〈壬申下第〉的詩中也有兩句：“舉場我歎魚緣木，敗卷人嗤鬼畫符。”意思說若你做得不好，人家就會嘲笑你“鬼畫符”了。這是自嘲之語。

鬼門關

甲："陳先生，半年沒見，為甚麼瘦成這樣？"

乙："幾個月前我突然在街上暈倒，幸虧有人好心打電話叫救護車送去醫院，原來心臟出問題，現在要吃得很清淡。醫生說那回要是晚幾分鐘就救不回來了，可謂一腳已進**鬼門關**！"

中國傳統社會裏很多人相信人死後會變鬼，而由人間走到鬼域，必經"鬼門關"。《西遊記》第十一回描寫唐太宗遊地府，到了鬼門關："忽見一座城，城門上掛一面大牌，上寫'幽冥地府鬼門關'七個大金字。""鬼門關"即為通往地府之路。

鬼門早在中國古代神話出現。漢代王充《論衡‧訂鬼》中引述《山海經》："滄海之中，有度朔之山，上有大桃木，其屈幡三千里，其枝間東北曰鬼門，萬鬼所出入也。"

"鬼門關"究竟在哪兒呢？

四川長江邊豐都山上有"鬼邑"，相傳就是"鬼門關"。

然而，根據《舊唐書‧地理誌四》的記載，"鬼門關"在廣西省北流縣之西，古代是中原通往欽州、廉州、雷州、瓊州、交趾以至南洋一帶的陸上要道。"鬼門關"闊三十步，有兩大石並立相對。人到了"鬼門關"，罕有生還，因而有俗諺云："鬼門關，十人去，九不還。"

無論"鬼門關"是否真有其地，在用法上早已成為一個概念，比喻一些極為兇險的地方，誰都不願去！

唔入流

甲："老陳常常吹噓說自己是食家，究竟是真是假？"

乙："談到飲食，他還**沒入流**哩！"

....

"入流"最常的用法，是指進入某階層或物事的品流。《南齊書‧王僧虔傳》："謝靈運乃不倫，遇其合時，亦得入流。"這段是指謝靈運的書法遇到適當的時候，當會進入品流。

"入流"最初與官階有關。唐代官階分九等，稱為九品，九品以內的官員屬於"流內"，九品以外叫做"流外"。《新唐書‧劉祥道傳》記載劉祥道批評朝廷濫招官員："今取士多且濫，入流歲千四百，多也；雜色入流，未始銓汰，濫也。"批評沒有經過嚴謹銓敍考試篩選的雜人，也入流而進入九品"流內"。

由此可知，"九流"在中國古代不但指"九流十家"中的九種重要學說，也是高級官階的範疇。九流中人，已經不是目不識丁的普通小老百姓，而是有才幹或有身份地位的。所以，即使排到第九流的，也是有身份有地位的人，並不是今天廣東話帶有貶意的"九流"。

人家說你"九流"固然不好，但如果說你"不入流"就更糟糕。正如廣東俗語說："就算係九流，都好過唔入流！"

家生

學徒："師傅，天都黑了，可以收工嗎？"

工匠："差不多了，你去收拾好工具（**家生**），我們收工！"

從事勞動或工藝手作所需的工具，粵語通稱為"家生"。

"家生"指器物工具，最早記載見於宋代。吳自牧《夢梁錄》〈諸色雜買〉："家生動事，如桌、凳、涼牀、交椅、杌子（小踏腳凳）……"這裏列出的是傢具。

明代馮夢龍《古今小説》〈沈小官一鳥害七命〉："二人收了，作別回家，便造房屋，買農具家生。"這裏指的是工具。

清代西周生《醒世姻緣傳》第二十四回："吃完了酒，收拾了家生，日以為常。"這裏指的是食具雜物。

由此可見廣東人稱工具器物為"家生"，自古沿用。

"家生"也指黑道中人所説的武器。看黑社會為題材的香港電影，黑幫火拼，首領下令手下"攞家生"，也就是抓武器準備廝殺。這也是古代的用法，明代施耐庵《水滸傳》第二回講到："史進家自此無人管業，史進又不務農，只要尋人使家生，較量槍棒。"第五回講到魯智深買武器："智深道：'兩件家生，要幾兩銀子？'"

破天荒

甲：“老陳平日一毛不拔，五十大壽居然大請客，真是**破天荒**了！”
乙：“難道你不送厚禮嗎？他不虧！”

一些從沒有發生過的事情，或者從來沒有人做過的事，如今出現了，都可以說是“破天荒”第一次。

“破天荒”語出一個唐代科舉的故事。中國科舉制度始於隋朝，維持到清光緒末年共有一千三百多年歷史。科舉考試是朝廷

阿東.

選拔官員的制度，用現代的說法就是公務員的銓敍試。科舉時代，全國各地的學生從鄉試開始，經過各級考試，重重篩選，最優秀的考生才有機會到京城參加京試，入圍者由皇帝親自主持殿試，欽點狀元，就是全國的第一名。

唐代科舉考試先由各地地方官舉行選拔試，上榜的學生被推薦進京考中央的進士試。這種地方選拔的叫做“解”，即通達諸事的意思。話說荊州每年都推薦舉子赴京，可是從來都沒有舉子奪魁，被諷刺為“天荒”。“天荒”原本解作廣大荒遠，也指自開天闢地以來就是如此，即是前所未有的意思。唐大中四年，荊州終於有舉人高中及第，因為前所未有，謂之“破天荒”。這位“破天荒”的學子叫劉蛻，後來官至中書舍人和左拾遺。

劉蛻的故事稱為“天荒解”，五代王定保的《唐摭言》和宋代孫光憲的筆記《北夢瑣言》，均有記載。

殺青

記者："大導演，這部電影還有多長時間才拍完呢？"
導演："還欠美國外景就**殺青**，排了期在春節上演。"

"殺青"本來不是一般日常用語，但電影電視發達之後，我們常常聽到一部電影或電視劇拍攝完工，導演或行內人說是"殺青"！

"殺青"原是一個專業名詞。中國古代未有紙張之前，金文和石刻之後，文字是寫在竹簡上的。把粗壯的青竹截下來，縱破而成的長片叫竹簡。斬下來的竹子易生蟲蛀，必須作防蟲處理。書寫之前必先將青竹片放在火上焙，焙時竹片的表皮會流出一種油，然後竹簡的青綠色漸去。這樣烤焙青竹的工序既可以防蟲，焙過的竹簡又更易上墨，稱為"殺青"。竹子流出油劑，像發汗一樣，稱為"汗簡"。

《後漢書・吳祐傳》："恢（吳恢，人名）欲殺青簡以寫經書。"竹簡經"殺青"後就可以用來寫字了。寫好的竹簡都用繩子串起來，十分笨重，稱為"竹書"。在河南出土中國最重要的古代歷史書《竹書紀年》，記載夏、商周到戰國的歷史，就是寫在竹簡上的。

一篇文章要用多片竹簡，一本大書所用的竹簡更不計其數，所以"殺青"是一種極大的工程。

"殺青"最早出於漢代劉向《戰國策・敍》："其事繼春秋以後，訖楚漢之起，二百四十五年間之事，皆定以殺青，書可繕寫。"這裏指歷史大事已定。

"殺青"原指把竹簡準備好然後書寫，後來用作形容書稿的完成。到今天，"殺青"的使用就更廣泛了，完成了一件像製作電影這樣的專業繁複工作，可以用"殺青"以形容。

殺人不眨眼

甲生：“我想修西方哲學課，但聽説大教授**殺人不眨眼**（唔眨眼），又有
　　　些怕！”
乙生：“聽説他教得非常好，我們用心修讀，及格應該沒有問題吧！”

“殺人唔眨眼”，“眨”廣東話與“斬”同音，眨、閃的意思，出於宋代普濟和尚的教筆記《五燈會元》裏“殺人不眨眼將軍”的故事：

五代末起兵的趙匡胤（後來的宋太祖）屬下有一位大將軍名曹翰，隨趙攻打江南。此人不善辭令，性情暴戾，又在亂世中帶兵，殺人視作等閒。一次曹翰領兵渡長江入廬山，闖進一家寺院。寺院的僧人早已逃的逃，藏的藏，只剩下老和尚緣德盤坐大殿。

曹翰和他的士兵闖進大殿，緣德泰然自若，也不理睬，繼續打坐。曹翰大怒喝道：“老和尚，您沒聽過‘殺人不眨眼將軍’嗎？”緣德悠然答説：“你又可知世間上有‘不懼生死和尚’？”

曹翰見和尚連死也不怕，無可奈何，只好對緣德説：“我們餓了，把寺裏的和尚叫出來給我們備食吧！”緣德動也不動，説：“平日和尚們聽到殿上鼓聲就來齊集，您敲鼓吧！”

曹翰於是敲鼓，良久也不見半個和尚現身，責問緣德何故騙他。緣德説：“您懷殺人之心，鼓聲就有殺意，他們當然不敢出來了。”説自己就拿起鼓槌輕輕敲了幾下，不一會，躲起來的和尚都出來了。

由此故事，往後人們以“殺人不眨眼”來形容窮兇極惡，不講道理的人。這故事原本喻意暴力不得人心，是行不通的。

晏晝 · 食晏 · 瞓晏覺

甲："老兄,最近幹甚麼活?"
乙："我轉行做食品推銷,僅堪糊口而已(搵餐**晏**啫)!"

乙 所説的"搵餐晏",直譯是"謀一頓午飯",即是僅堪糊口的
　意思,乃謙卑語。

廣東話吃午飯叫做"食晏"。根據《辭海》,"晏"是安逸、安
謐的意思。"晏食"是晚食,約在酉時,即大約為現代的黃昏六至
八時之間。所以"食晏"是進"晏食"。

"食晏",在廣東話裏其實是簡短的説法,全語應是"食晏晝",
現在香港人仍常用。粵語"晏晝"是午後、下午的意思。

"晏食"加上"食晏晝",解釋了為何午飯叫"晏";廣東人顯
然把"晏食"提早到午間時分。

與"食晏晝"異曲同工的是"晏覺",即是午睡。午睡不是中
午睡覺,而是午後小寐,"晏覺"的全語原來是"晏晝覺"。

"晏"也是遲了、晚了的意思。廣東俗語常用的例子:"佢晏
啲一定到(他晚一點就一定會到來)!"或者説:"點解搞到咁晏
(為甚麼弄到這麼晚)?"

核突 · 鶻突

夫：“嗯！今晚的燒肉那麼新鮮，讓我先吃一點！”
妻：“請你用筷子啦！用手吃那麼難看（**鶻突**）！”

　　塌糊塗，極其難看，香港俗語形容為“核突”（“核”字粵音唸 wat 下去聲），其實應該是“鶻突”或“鶻鴒”。“鶻”粵音有二，一與“骨”同音，如鳥名的“鶻”；二是與“核”同音，如“鶻突”。

　　根據《辭源》，“鶻突”或“鶻鴒”在古代有多種意思，其中一義與一塌糊塗相近。

　　清代阮葵生《茶餘客話》：“問曰：‘不知物盡時，天地壞也不壞？’朱子難為答，乃曰：‘也須有一場鶻突。’”這是模糊混沌，不清楚的意思。

　　清代吳趼人《二十年目睹之怪現狀》第四十四回：“……而且拳動輕佻，言語鶻突，喜笑無時。”這裏也是言語糊塗之意。

　　宋代吳曾《能改齋漫錄》的解釋很明確：“鶻突二字，當用糊塗。蓋以糊塗之義，取其不分曉也。按呂原明《家塾記》云：太宗欲相呂正惠公，左右或曰：‘呂端之為人糊塗。’（自註云：讀為鶻突）帝曰：‘端小事糊塗，大事不糊塗。’決意相之。”按吳曾的解釋，“糊塗”本來應該讀作“鶻突”。

　　明代顧起元《客座贅語·方言》：“南都方言，其不聰敏者，曰鶻突，曰糊塗，曰懵懂，曰勺鐸。”這顯示作糊塗不聰敏解的“鶻突”是南方方言。

　　所以，香港人常用“核突”一詞，並不“鶻突”，甚至可以入詩。唐代詩人孟郊的《邊城吟》詩中有句：“何處鶻突夢，歸思寄仰眠。”

　　這是廣東俗語保留古意的另一例子，不過“核突”應該寫作“鶻突”。

捉刀

甲：“董事長小學都沒有唸過，怎麼今天演講那麼文雅，還引經據典！”

乙：“有**捉刀**人給他寫講稿嘛！”

"捉"刀”，一般是替人寫作的意思。有些作家在成名之後，稿約紛至，實在應付不了，但又捨不得高昂的稿費，於是就請槍手暗中代寫，冠上自己的名字發稿。這俗稱“捉刀”，而幕後替人寫稿的稱為“捉刀人”。

“捉刀”典出曹操的故事：

三國時天下三分，曹操雖掌魏大業，但為人多疑，且有自卑感，常常覺得自己的相貌不夠英武，怕人家看不起。一次匈奴使者來見，曹操忽發奇想，與屬下一位名叫崔琰的武官易服，教崔穿上他的衣裝代見使者，而曹操自己就穿了武官的服裝，持大刀恭敬地站在崔琰的身旁，觀察匈奴來使的舉動。這位崔琰長得十分英偉，一表堂堂，穿起華服，更是威武。

會見完畢，曹操便派人試探使者，問：“你對我們的魏王印象如何？”使者說：“魏王固然儀表出眾，但他身旁那位捉刀人看來才是一位真正的英雄哩！”

匈奴使者果然眼光銳利，從此人們就把隱瞞真正身份，替代別人幹事的叫做“捉刀”。替代別人的事，在中國古代文壇和科場最是常見，因此“捉刀”也就演變成替人作文的代稱了。

黃馬褂

甲：“公司人人都忙得連飯也沒時間吃，老王卻到處閒蕩，作威作福，李主任也不管管他，不公平吧？”

乙：“你新來公司不知道，老王是老闆娘的哥哥，我們又怎能和他比呢？”

甲：“難怪，原來是**黃馬褂**！”

“**黃**馬褂”一詞在現代香港社會已較少應用；時代進步，依靠親屬關係取得職位更作威作福的現象，不似傳統中國社會那麼嚴重。

“黃馬褂”原指憑藉關係而取得本來不應有的地位或權力的人，出於清代宮廷。

馬褂是是滿族人騎馬時穿在上身的短外衣，滿清入關把馬褂帶到中原，後來成為男人的主要服裝。清代以至民初，中國男性

阿東.

穿長衫馬褂;長衫是男子的長袍,馬褂是外面的罩衣。

　　清代皇宮的侍衛和宮廷軍官統領等都穿黃色的馬褂。黃是皇家顏色,普通人是不能使用的。皇宮隊伍出巡,只見一片金黃,威儀十足。宮廷侍衛軍官之外,其他人原本不能穿黃馬褂,否則會犯僭越之罪,但皇帝時而會給臣子賜贈,表示賞勉其功,也有親近之意。因此,穿黃馬褂的人,無形的地位就高起來了,最少表示他與皇帝接近。

　　穿黃馬褂的臣子調放外地,立刻威風八面,因為人們知道黃馬褂是皇帝的賞賜。清代很多官員穿上黃馬褂,到處打抽豐,作威作福。人們雖知他們或許並無實權,也沒有真本事,但礙於他們與皇帝的關係,都畏懼三分,不敢不孝敬。

　　後來"黃馬褂"成了一個代名詞,指光靠人事關係而謀取職位的人。一家大公司裏,"黃馬褂"雖然尸位素餐,其他人也不敢得罪。

黃道吉日

甲："上星期新來的那個雜工，天天遲到，又懶又不幹活，人事部今天終於請他走人！"

乙："試工都這樣子，趕走他就不用選**黃道吉日**了！"

在中國傳統社會裏，人們在嫁娶、搬家、動土，或者進行一些重要事情時，總要查看曆書或求問於卜人，選一個天時地利人和的好日子，一般稱為"黃道吉日"。

中國古代天文學發達，中國人很早就懂得觀察太陽、月亮和星宿等運行的現象和規律。地球沿軌跡圍繞太陽公轉為一年；人從地球上不同的位置和不同的季節觀望太陽，看到太陽的投影位置就有所不同了。"黃道"，就是中國古人想像太陽周年運行的軌道。"黃道"與赤道成二十三點二七度角，相交於春分點和秋分點。

俗語所説"黃道吉日"其實與天文學上的"黃道"無關。中國在遠古時代早有占星術，人們相信星命之説。據説天上有不同的星宿，輪班當值，掌管人間一切事物。眾星宿中有青龍、明堂、金匱、天德、玉堂和司命，這六位星君都是"吉神"。吉神值班的日子，萬事俱吉，稱為"黃道吉日"，這與科學上"黃道"似乎沒有關係。

至於説哪一天是"黃道吉日"，各派有不同的計算方法，那就要求教於占卦或星相學家了。

捱

甲：“恭喜你，兒子大學畢業，你應該享清福了！”

乙：“還有我的女兒哩！她剛讀大一，我還要熬（**捱**）幾年呀！”

廣東俗語 的 “捱” 字，指熬、忍受、艱難度過、堅持。

“捱” 並非廣東口語，早見於元曲和詩詞。《元曲選》輯錄蕭德祥〈楊氏女殺狗勸夫〉：“把我趕在破瓦中捱凍餓。” 這是煎熬抵受的意思。

宋代章謙亨的詞〈玉樓春‧守歲〉有兩句：“團欒小酌醺醺醉，厮捱沒人肯睡。” 這是指每個人都不睡覺。詩中人不睡覺是為了守歲，若熬夜不眠為的是工作，廣東話形容為 “捱更抵夜”。

宋代黎靖德記錄大儒朱熹和門生對話的集錄《朱子語類‧論語》：“曾子魯鈍難曉，只是他不肯放過，直是捱得到透徹了方住。” 這裏的 “捱” 指曾子堅持努力。

生活艱難之下過活，或做苦工謀生，香港人説 “捱世界”。為糊口而苦幹，是 “捱兩餐”。難以忍受，是為 “難捱”。忍受苦難叫做 “捱苦”。度過難關，可以説是 “捱過去”。

“捱” 字生動之處，意會勝於言傳。

艱難日子看不到頭，人會感歎説 “有排捱”。“排” 在粵語是很長時間的意思。

一位母親説：“好辛苦捱大個仔，而家又輪到捱個孫！”“捱大” 子女，包含撫養、培育、照顧和關愛，父母養育子女付出的一切，盡在其中。

最傳神的用法則莫過於 “捱到一隻屐噉！” 想像足下一隻木屐，每天週而復始地承受所有重量壓力，不停行走，不斷磨損，頭也抬不起來！

眼中釘

甲：“真不明白為甚麼營業部的小陳老是針對我，自問沒有開罪他的呀！”

乙：“你有所不知！小陳最喜歡佔公司的小便宜，以前的會計主任睜一眼閉一眼，現在你循規蹈矩，當然成了他的**眼中釘**！”

討厭一個人或一項物事到達極點，好像眼裏有一口釘，非拔去不可。“眼中釘”的典故可以在兩本古書中找到。唐代馮贄的《雲仙雜記》和宋代歐陽修的《新五代史》，都記載了“眼中釘”的故事：

唐明宗時，宋州節度使趙在禮橫行霸道，不依法紀，百姓苦不堪言。《雲仙雜記·拔釘錢》記載：“趙在禮在宋州，所為不法，百姓苦之。一日制下，移鎮永興，百姓相賀曰：‘眼中拔卻釘矣，可不快哉？’”

此外，《續資治通鑑長編》也有另一個故事：

宋真宗時，有一個名叫丁謂的官員，專權橫行。他在朝廷挑撥離間，使皇帝貶黜了大將軍寇準。寇準為百姓所擁戴，當時民間流行一首歌謠：“欲得天下寧，須拔眼中丁，欲得天下好，莫如召寇老。”“丁”和“釘”諧音，一字雙關，比喻丁謂是老百姓的“眼中釘”。

“眼中釘”的同義俗語是“眼中刺”，廣東話較為少用，喻意則一。關於“眼中刺”，另有一首感人的詩篇，出於唐代白居易的〈母別子〉。這首詩描述當時一名大將軍因戰功而得到重賞，他隨即拋妻棄子，另娶新婦。詩人諷刺之：“新人迎來舊人棄，掌上蓮花眼中刺。”

問鼎

甲："小陳天天操練，今年公司的馬拉松長跑，他應該可以拿下冠軍吧！"

乙："你別忘記小李也在秘密練兵，都有機會**問鼎**呀！"

"**鼎**"是中國古代皇家貴族用以盛載食物的器皿，"鼎"的大小和工藝也是主人身份地位的象徵。"問鼎"的典故，《左傳‧宣公三年》和《史記‧楚世家》均有記載：

春秋時期，各國開始爭霸。周王室有一隻從夏朝留下來世代相傳的鼎，鼎上刻有各種珍禽異獸，據說是為了使百姓看到會產生警覺之心。鼎從夏朝傳到殷朝，再傳到周朝，成了正統的象徵。那時期周天子的勢力漸漸衰落，諸侯表面上仍以尊王為口號，實質上對周的權力已產生懷疑，諸侯國互相攻伐，爭取稱霸。

周定王元年（公元前六零六年），楚國率兵討伐鄭國，取得勝利後，大軍竟然進入周的範圍，揚威耀武。周定王派遣大夫王孫滿到楚軍中會見楚莊王。楚莊王在席上向王孫滿問："周的傳國之鼎究竟有多大？有多重？"楚莊王明顯表示已不把周王室的威信放在眼內了。王孫滿回答說："王室的威信，在德而不在鼎！德行好，鼎雖小分量重，如果天下昏亂，鼎雖大分量也輕！"他義正辭嚴地對楚莊王說："周鼎的輕重，是不可以問的！"

"問鼎"原指對有權勢的統治者產生懷疑。後來引申形容有意挑戰固有權力者，或爭奪某目的物，最常用在競爭或比賽上，例如說"問鼎議員的位置"，或者是"問鼎冠軍寶座"。

楚莊王在"問鼎"之後不到十年，先後征服各地諸侯，取代周的領導地位而稱霸天下。用今天的說法，就是成功"問鼎"了。

掛羊頭賣狗肉

夫：“對街新開了婦女聯誼中心，以後你就多一個去處了！”

妻：“我還沒告訴你，前兩天我去看過，所謂婦女聯誼中心是一家傳銷公司開的，活動就是拉街坊婦女去做傳銷，**掛羊頭賣狗肉**而已！”

“掛羊頭賣狗肉”原本應作“掛牛頭賣馬肉”，語出古籍《晏子》：“君使服之於內，而禁之於外，猶懸牛首於門，而賣馬肉於內也。”故事是這樣的：

春秋時，齊靈公有一種僻好，他喜歡看男裝打扮的美女，經常叫宮裏的女人扮成男子讓他欣賞。國君有所好，齊國的女子紛紛起而仿效，成為一時風尚。齊靈公感到不妥，下令禁止百姓女扮男裝，但宮中的女人不受此限。後來齊靈公發覺雖有禁令，百姓並沒有遵守，問大臣晏子該怎麼辦。晏子回答說：“國君容許宮中女扮男裝，卻下令禁止百姓仿效，這等於掛了牛頭在門前，內裏賣的其實是馬肉。如果國君言行一致，宮中的人同樣遵守禁令，那麼百姓自然會守法了。”齊靈公接受了晏子的建議，齊國才杜絕了女扮男裝的風氣。

後人引用這故事來諷喻說一套做一套是“掛牛頭賣馬肉”。到了清代，錢大昕的筆記《恆言錄》出現了“掛羊頭賣馬肉”，引用更為流行。

至於甚麼時候，又為甚麼“馬肉”會變成“狗肉”，則無典可查了。

貼錯門神

甲："怎麼今天老王和老李好像**貼錯門神**的樣子？"

乙："不止今天了，前幾天兩人不知為了甚麼小事吵了一番，大家已經互不理睬好幾天了。"

春節時，中國很多地方風俗是貼門神，香港習俗貼揮春，也有貼門神的，但並不普遍。

門神神武正氣，但門神究竟是誰，說法不一。

門神通常是一對的，其實最早的門神並非一對。《漢書·廣川王傳》所記："廣川王去疾殿門有古勇士成慶畫像，短衣大長劍，為門神之始。"

到了魏晉南北朝時，南朝梁代宗《荊楚歲時記·頹說》記載："元旦日，繪二神貼戶左右，披甲持鉞，左為神荼，右為鬱壘。"

"神荼"和"鬱壘"是傳說中的天神，讀作"伸舒"、"鬱律"，出於《山海經》。據漢代王充《論衡·訂鬼》的解釋："《山海經》又曰：滄海之中，有度朔之山 …… 萬鬼所出入也。上有二神人，一曰神荼，一曰鬱壘，主閱領萬鬼。惡害之鬼，以葦索而以食虎。於是黃帝乃作禮以時驅之，立大桃人，門戶畫神荼、鬱壘與虎，懸葦索以禦凶魅。"黃帝時代遠早於漢代，當時已有貼天神"神荼""鬱壘"畫像的風俗，但可能尚未稱為"門神"。

"神荼"和"鬱壘"可以治鬼，他們會用葦草織成的繩子把惡鬼綁起，扔去餵老虎。所以民間習俗把他們的畫像貼在門上，守衛家宅。

到了元明清代，小說筆記都說門神是唐太宗的名將秦叔寶和尉遲敬德。

無論是神荼鬱壘還是秦叔寶尉遲敬德，"門神"都是一對的，這與中國傳統宅門兩扇合一有關。一對門神分別貼在兩扇門上，姿勢稍稍互對，儼然守衛。如果左右貼反了，兩位門神就像互相向背，各不理睬。

貼錯門神形容兩人不咬弦互不理睬，可謂十分傳神。

番鬼佬

母："下星期考試，你還在打遊戲機不讀書，我看你這次一定考第一，不過是洋人看榜（**番鬼佬**睇榜）而已！"

NICE!!

子："甚麼意思？"

母："反過來看，倒數第一！"

中國人形容外國人的說法有多種，較文雅是"洋人"，感情色彩算是中性。

中國近代來華的外國人主要來自歐洲諸國和美國，最初多是傳教和商人。二十世紀中葉之前，廣東人稱他們為"紅毛鬼"、"鬈毛鬼"、"紅鬚綠眼"，或者"番鬼"。這些名詞本來帶有歧視性，基於文化隔閡和歧異。到了十九世紀，列強侵華，戰爭頻繁，中國割地賠款，備受欺凌。中國人把外國人稱為"鬼子"、"洋鬼子"或"鬼子佬"，加入侵華的日本人稱為"東洋鬼子"，有強烈的敵意。

廣東人沿用至今的是"番鬼佬"，尤其是在經歷過一百五十年英國殖民地統治的香港，今天仍然常用，但歧視色彩和敵意已然退減。久居香港又精通粵語的外國人，很多時會戲說："我係番鬼佬！"。

"蕃"（通番）字歷史悠久，漢代王昭君和蕃，即嫁到西域蠻邦。古代的西域或蕃地，就是中原以外的地方。到了唐代，蕃地是中原以西偏遠地方的統稱。

宋代中外交通和商業發達，"蕃"字用得更多。"蕃商"即外國來的商人，"蕃舶"即外國來的商船。北方人叫的"甜薯"或"地瓜"，廣東人叫"蕃薯"，據說是由菲律賓傳入的外國品種，故名"蕃薯"。

中外交流愈來愈多，不同國族的人互相理解愈容易，相處也融洽了。可是在列強侵華和西方歧視中國的年代，中外人民之間又難以互相了解，自然會對外國人產生敵意和誤解。很多有趣的廣東歇後語由此產生：

　　"番鬼佬拜神"，歇後語"睇天"。中國人不了解西方人祈禱，只見他們向天膜拜，戲稱"睇天"，"睇"是看的意思。

　　"番鬼佬睇書"或"番鬼佬睇榜"，歇後語"倒轉來"。傳統中文通常由右往左讀，洋文則由左往右讀，讀書或看榜（例如得獎名單或考試排名榜），次序剛剛相反。

　　"番鬼佬叫狗"，歇後語"愈叫愈走"（另有一句則說"阿崩叫狗，愈叫愈走"）。洋人不懂漢語，中國狗聽不懂番文，愈叫愈走了。

　　"番鬼佬扒龍船"，歇後語"包尾"。划龍舟並非洋人傳統和所長，不在行！

焦頭爛額

甲："全年算下來，我的股票不見了百分之七十，真慘！"

乙："何止你！百年一遇的金融海嘯，有投資的誰不**焦頭爛額**？"

"焦頭爛額"出自《漢書·霍光傳》的一個類似寓言的故事：

一個人建了新房子，宴請親朋和鄰人，並引領賓客參觀。客人都紛紛稱讚房子美侖美奐，當中有一位客人認真地對主人說："您家廚房灶上的煙囪筆直向上，火灰飛出去後就會掉在屋頂上而招火，您最好把煙囪改曲通到屋邊去，那才安全。"那客人見到灶邊堆了很多柴草，又說："這樣容易着火，還是把柴草搬遠一點吧！"主人很不高興，不理會他。誰知過了幾天，新房子真的發生火災，幸好鄰居們齊心合力才把火滅掉，但主人和幫助救火的人都已弄得焦頭爛額了。

重修了房子之後，主人再宴請鄰居，酬謝他們救火。有一位朋友提醒主人說："您宴請幫忙救火而弄得焦頭爛額的鄰居，卻不請那位對您忠言相勸的人。如果當日聽他的話改曲煙囪，搬走柴草，這些人就不會焦頭爛額了。"

改曲煙囪，搬走柴草，原文是"曲突徙薪"；"突"是煙囪，"薪"是柴草，寓意凡事都要注意事前小心，特別對於誠懇的勸告要多加考慮，這比事後補救好得多。

一個故事衍生了兩句成語，"曲突徙薪"就不會"焦頭爛額"了。

博

甲："生意淡薄，不如賭博，今晚去馬場**博**殺！"

乙："小賭怡情，千萬不要**博**得太盡呀！"

"博"有多種意思，最廣為應用的是形容大、廣、多，例如"廣博"或"博大"。

"博"字在廣東話裏常作動詞用，例如賭徒"博一博"，希望贏取金錢。又例如做事沒有十足把握，風險尚在，但人願意冒風險去做，希望成功，"博一博"運氣。"博"，有投機賭博的含義。

其實"博"並非口頭語，也不限於廣東方言。如上例"博一博"的"博"，古代原與下棋有關，最早見於《韓非子·外儲說》，記載齊宣王問匡倩："儒者博乎？""博"古代通"簙"，即局戲，是下棋一類的遊戲；下棋又稱博弈。齊宣王的意思是問：儒家弟子會下棋嗎？

在香港，如果做事似乎抱有某種目的，旁人可能諷刺說："唔知博乜？"（乜，廣東話，甚麼的意思。）有人工作非常賣力，共事者開玩笑問是否"博升級？""博加人工？"（人工即薪水）等等，聽起來有點負面。

其實"博"的原意很積極，非指投機，是換取的意思，語出於《宋書·索虜傳》，記載拓跋燾寫給劉裕的一封信，內有句："若厭其區宇者，可來平城居，我往揚州住，且可博與土地。""博與土地"就是換取土地的意思。

"博"也有爭取的意思，例如說傳統文言書信常見寫信者自謙，對收信者說："聊博吾兄一粲！"（粲，笑的意思。）

開門七件事

夫："怎麼唉聲歎氣呢？"

妻："過了春節，百物飛漲，**開門七件事**甚麼都加，只有你的薪水沒有加，怎麼辦？"

"開門七件事"，廣東人一般說是柴、米、油、鹽、醬、醋、茶，其實泛指日常生活上不可或缺的必需品。

宋代以前，開門不只七件事而是八件事。宋代吳自牧的筆記《夢粱錄》提及"開門八件事"是柴、米、油、鹽、醬、醋、茶，還加上酒。到了元代以後開始是"七件事"，除去了酒；酒畢竟並非生活的必需品。

無論富貴人家或者貧苦大眾，柴、米、油、鹽、醬、醋、茶總是生活的必需；凡夫俗子要靠"七件事"過活，文人雅士也不能不為"七件事"張羅。民間流傳有兩首輯綴不同詩句而成的打油詩，即以此為主題。

其一："書畫琴棋詩酒花，行年件件不離它，而今七件都更變，柴米油鹽醬醋茶。"

其二："柴米油鹽醬醋茶，七般都在別人家，我也一些憂不得，且鋤明月種梅花。"

阿東.

過橋抽板

妻：“今天李太太請街坊吃飯，她丈夫最近轉手賣了幾個名貴手錶給一個藏家，賺了不少錢！”

夫：“啊？我明白了，小李求我介紹他認識藏家張老總，現生意做成，謝謝都沒說一句，真是**過河拆橋（過橋抽板）**！”

廣東話的“過橋抽板”，等同北方人所說的“過河拆橋”，典故出於《元史·徹里帖木兒傳》的一個故事：

元朝末年，名臣徹里帖木兒為人沉堅毅，屢建殊功，深得元順帝的信任。當時國家選拔人才全靠科舉考試，大家都感到這種制度已經出了毛病。元順帝命徹里帖木兒出任中書平章政事，帖木兒首先就向元順帝提出廢除科舉，得到皇帝和太師伯顏的支持。朝中極力反對廢科舉的大臣也不乏人，當中以許有壬反對最烈，只是元順帝一意支持帖木兒提出的方案。

皇帝頒佈詔書，宣佈取消科舉。帖木兒故意任許有壬為班首，並對他譏諷一番，讓人以為許有壬為首支持廢科舉。由於許有壬本人是通過科舉入仕的，反對廢科舉的大臣就更痛恨他了。當時有一位侍御史批評說：“許有壬可以說是過河拆橋了。”意思謂許循科舉途徑做了官，達到目的後就不許別人走自己走過的路。

“過河拆橋”，“過橋抽板”，均比喻忘恩負義，達到目的後就可以把別人一腳踢開。

傾偈

甲："讀報才知道你得了今年本區老人服務義工獎，恭喜！"

乙："受之有愧，我在老人院做義工，都只是和一些孤單的老人家聊
聊天（**傾吓偈**），逗逗他們開心而已。"

"偈"源於佛教，原是梵語"偈佗"的簡稱，頌詞的意思。佛
偈一般由三字至七字（甚至更長）組成一句，四句組成
一偈，稱為"佛偈"。梁代慧皎《高僧傳‧鳩摩羅什》："從師受經，
日誦千偈，偈有三十二字，凡三萬二千言。"

廣東人聊天稱為"傾偈"，背後頗含哲理。

"傾"，粵語是談的意思。"傾"可以很隨意，例如一個人對新
相識的朋友說："得閒（有空時）出來飲餐茶（飲茶吃點心），傾吓
偈（聊聊天）！""傾偈"有進一步熟悉的意思。

"傾"也可以是談判，例如說："大家坐低慢慢傾（慢慢討論），
一人讓一步，唔掂傾到掂！"即是雙方心平氣和，談出一個大家
都接受的方案。

拒絕談判或者拒絕讓步，就是"冇得傾！"

頑皮百厭

路人甲："怎麼有一隻貓被吊在樹上？"
路人乙："一定又是那群頑皮孩子（**百厭**仔）幹的好事！"

"頑皮"，廣東話也作"百厭"，有時兩詞連在一起用，"頑皮百厭"或"百厭頑皮"，指孩子不聽教導，有意或無意經常搗亂。

"頑皮"出於唐代名士皮日休的詩句。宋代野史筆記《太平廣記》有這樣的一個故事：

皮日休曾經多次求見歸仁紹，歸均不肯見他。皮日休很不高興，於是寫了一首《詠龜》詩諷刺歸仁紹。詩曰："硬骨殘形知幾秋，屍骸終不是風流。頑皮死後鑽須遍，都為平生不出頭。""頑"是頑強，皮日休形容龜的殼皮頑硬，諷刺歸仁紹頑固執着，像龜一樣把頭縮在殼內，説不出來就死都不肯出來。碰過龜的人讀到這詩，當會心微笑，傳神之極。

今天已沒有人用"頑皮"來比喻人之固執或頑固，只用來形容孩子不受約束、搗蛋。

明代洪子美的《清平山堂話本·快嘴李翠蓮》提到"頑皮"："當初只説要選良善人家女子，誰想娶這個沒規矩、沒家法、長舌頑皮村婦！"這就接近今天的用法，指不受約束，不聽教導。

搞

"搞"字究竟何時最先出現，頗有意思。《辭源》沒有"搞"字，但《康熙字典》引宋代辭書《廣韻》讀音為"丘交切"，與"敲"同音。《辭海》、商務的《漢英辭典》和大多當代字典都有收錄，我們大概可以猜想，相對"攪"字，"搞"是近代用得較多。林語堂的《當代漢英詞典》有詳盡的用法：

> 搞錢、搞政治、搞花樣、搞不通、搞不清、胡搞 ⋯⋯

根據林語堂先生的辭典，"攪"字有兩種意思，其中之一是與"搞"義相同，例如"胡攪"與"胡搞"可以互通。

"攪"是攪拌，把東西攪混一起，"搞"則有做的意思。

"搞好佢"，做好事情。

"搞掂"是弄妥或完滿解決事情，"搞唔掂"就是無法解決。

"搞女人"和"搞三搞四"都指玩女人，"搞三搞四"也指做一些亂七八糟的勾當。

"搞錯"，弄錯。

"搞唔通"，想不通道理來。

香港俗語有說"唔好攪我"，也有說"唔好搞我"，雖然發音一樣，其實當中有很微妙的分別：

"唔好攪我"是不要煩我，不要干擾我。

"唔好搞我"是不要找我，不要涉及我，又或者表示"我是不會參與的。"

暗箭傷人

甲：　"前一陣老陳無端被廉署調查，幸而查清楚他沒問題，他真倒霉！"

乙：　"不是倒霉，你沒有發覺那剛好是公司要升會計總監的時候嗎？本來老陳會升級，現在不是他。一定是有人在背後**暗箭傷人**。"

"暗箭傷人"典故出春秋時代一個故事。《左傳・隱公十一年》記載：

鄭國諸侯鄭莊公閱兵，老將穎考叔和年輕將軍公孫子都，兩人為了爭奪兵車而吵起來。穎考叔拉起兵車轉身就跑，公孫子都也不示弱，追逐在後。然而穎考叔早已跑遠，公孫子都奪不到兵車，一直懷恨在心。

兩個月後，鄭莊公出兵攻打許國，公孫子都和穎考叔都是軍中將領。鄭軍兵臨許都城下，穎考叔高舉大旗，率先爬上城頭。公孫子都看在眼，舊恨湧上心頭，加上妒忌穎考叔將立大功，竟然偷偷抽出箭來射殺穎考叔，鄭軍的將士還以為穎考叔為敵軍所殺，連忙揮軍攻城。最後許國城破，土地全落在鄭國版圖內。

"暗箭傷人"後被引用來形容像公孫子都這樣乘人不備，暗放冷箭，以不光明的陰險手法暗裏伺機害人。

鼓氣

妻："今晚吃飯坐在老李旁邊真沒趣，整個晚上他都不作聲，像啞巴一樣。"

夫："你別介意，他是同事中有名的悶葫蘆（**鼓氣袋**），其實人是很好的。"

個人憋一肚子氣，廣東俗語會說"鼓起一肚氣"，但更道地的說法是"搞住一肚氣"（見本"搞氣"條目）。

"鼓"在古代有多解，其中與"鼓氣"相關的定義，出於相傳是黃帝之作的《素問·痺論》："心痺者脈不通，煩則心下鼓，暴上氣而喘 …… 故煩而心下鼓滿。"這是鼓起、隆起、漲起的意思。

"鼓起一肚氣"和"鼓氣"在粵語裏有完全不同的意思。"鼓氣"形容一個人沉默寡言，不苟言笑。這樣的一個人會被稱為"鼓氣袋"。

解鈴還須繫鈴人

甲：“你們害慘我了，昨晚開玩笑說我中了彩票要我請吃飯。請吃飯事小，問題是我太太信以為真，逼我交出中獎錢！”

乙、丙、丁：“我們說說笑話，尊夫人竟然那麼認真？”

甲：“我怎樣解釋都沒有用！**解鈴還須繫鈴人**，你們要負責向她講清楚！”

“**解**鈴還須繫鈴人”，意謂一個人惹出來的麻煩，只有他自己才可以解決，別人無法幫忙。典出一個佛經故事。明代瞿汝稷彙輯歷代禪宗故事，編成《水月齋指月錄》，當中記載了法眼禪師的故事：

五代南唐的法眼禪師，乃中國禪門五宗中法眼宗的始祖，是佛教史上的高僧。法眼禪師住在金陵（今南京）清涼寺。當時寺裏有一位和尚泰欽禪師（後稱法燈禪師），此人不大理事，寺裏的和尚和他並不親近，只有法眼禪師對他另眼相看。一天，法眼禪師在講經的時候，給弟子們出了一個難題：“老虎頸上掛了一個金鈴，誰人能把那金鈴解下來呢？”眾弟子中無一能解答，法眼就問泰欽，泰欽不經意地說：“把金鈴繫在老虎身上的人能把鈴解下來。”

原文是：“金陵清涼泰欽禪師，性豪逸，眾易之，法眼獨契重。一日，眼問眾：‘虎項金鈴，是誰解得？’眾無對。師適至，眼舉前語問，對曰：‘繫者解之’。”

有本領把鈴子繫在老虎身上的人，自然有本領把鈴解下來，也只有他才能做得到。後來人們把“解鈴繫鈴”引用比喻誰惹出來的事，就該由誰來解決。

傻

甲：“我發覺小陳和會計部的瑪莉頗相配，我們何不造就些機會給他們？”

乙：“你真有點**傻**，我碰過他們拖手看電影，還用你造就機會？”

廣東話中的“癲”、“痴”、“傻”時相互用，當中“傻”用得比較廣泛：

形容人看不清事理：“你都傻！”

形容人被騙了或吃了虧：“佢做咗傻仔啦！”

形容人不夠聰明，經常不明事理，或形容人精神輕微錯亂，都可以說：“佢傻傻地！”（傻呆呆）

精神不健全的人被稱為“傻佬”或“傻婆”。

一個人受了嚴重打擊，可能會自殺，旁人勸導時不會說：“你不要自殺呀！”而是說：“你不要做傻事呀！”

“癲”在古代醫學上原是一種病，“傻”則本來沒有神經錯亂的意思，只是指人愚蠢，不明事理。例如《紅樓夢》的傻大姐，她“心性愚頑，一無知識，出言可以發笑。”傻大姐頗逗得賈母開心。

同樣道理，年幼子女天真無邪，未懂事理，經常會說稚子無知的語言，香港的父母會嗔笑：“你這個傻豬！”那只是覺得他們嬌憨可愛，並不是說自己的兒女神經錯亂或者愚蠢若豬。

痴

甲："看看這喜帖！瑪莉結婚，新郎不是小陳。他對瑪莉那麼痴心，一定傷心欲絕了，真可憐！"

乙："人家瑪莉從開始就表明有男朋友，小陳自己**痴**，不值得同情。"

"**痴**"有神經病、愚笨和痴迷幾種意思，視乎內容而定。中國不少醫書解釋"痴"是一種癲狂病，但一般來說，作為形容過分痴迷或迷戀的用法比較多。

南朝劉義慶《世說新語‧賞譽》篇："王藍田為人晚成，時人乃謂之痴。"這指此人愚笨，學習比別人慢的意思。

《新唐書‧竇威傳》形容竇威："貫覽群言，家世貴，子弟皆喜武力，獨威尚文，諸兄詆為書痴。"這是痴迷，過分愛好的意思。

北方人口語形容別人胡說八道，或者做一些不合邏輯的事，會說："神經病！"香港人則說："黐線！"形容一個人真的神經不正常，也會說這人"痴咗"，或是"黐咗線"。

"黐線"的"黐"不同於痴迷的"痴"，但粵音"黐""痴"同聲同韻。比如說用膠水黏貼，廣東話說用膠水"黐"貼。"黐線"，就是兩條或多條線黏在一起。

線黐了，跟神經病有甚麼關係呢？可知道黏的不是普通的線，是電話線。以前的電話是要接線的，假如兩根不相關的電話線黏在一起，通話就亂套了，牛頭不對馬嘴，好像神經錯亂。

香港也有另一個很形象化的說法，人身體的神經都是線狀的，假如兩條神經線黐在一起，這個人也就神經錯亂了，廣東人可能說該人"黐咗線"，或者"黐咗神經線"。

引申另一句香港俗語，一個人如果答非所問，或者誤解人家的意思，會被形容為"搭錯線"。（搭，連接的意思。）

疑心生暗鬼

夫：“前幾天你說對面山邊有些古怪動靜，原來是非法入境者在那裏做窩，今天給警察捉了，前時打劫晨運老人家就是他們！”

妻：“那你就不再說我**疑心生暗鬼**了！”

....

“疑心生暗鬼”，形容多疑，明明不存在的物事，人都會按自己心存的懷疑而推理，得出與自己所疑相合的結果。

根據《辭源》，原詞是“疑心生闇鬼”；“闇”作冥暗、昏昧解。意思是在事實不清的情況下懷疑別人，多作猜測，自然會無中生有。語出宋代呂本中的《師友雜誌》：“潘旻子文，溫州人，師事伊川先生（程頤），自言有自得處，嘗聞人説鬼怪者，以為必無此理，以為疑心生闇鬼，最是要切議論。”

戰國時代古籍《列子》有一個“疑心生暗鬼”的故事：

有一個人失了斧頭，懷疑是鄰居的兒子偷了，於是特別注意觀察，果然發覺這孩子形色有異，無論言語、動作、態度，都像偷了東西。後來這個失斧頭的人無意中找回自己的斧頭，第二天見到鄰居的兒子，竟又發覺他的動作態度，完全不像一個偷了東西的人。

《列子》原文沒有明確説“疑心生暗鬼”，但由於這個故事，宋代林希逸在《列子口義·説符篇》評説：“諺言，疑心生暗鬼。”可見在宋代“疑心生暗鬼”已經是通用俗語。

一個人如果心存偏見和疑心，看事物就會循自己的偏見去取捨，愈想愈認為自己是對的，但事實只是疑心作怪。

網開一面

甲：“發生了甚麼大事，會計部陳主任突然被開除，而且要立刻離開公司？”

乙：“剛才總裁召集所有主管開會，原來陳主任虧空兼造假賬，證據確鑿。公司還念他是老臣子，**網開一面**沒有報警！”

“網開一面”是格外開恩的意思，原本是“網開三面”。典故出《史記‧殷本紀》：

夏朝自禹帝創始，經歷了九百多年十五代君主。最後一位夏帝是桀，他暴虐荒淫，百姓民不聊生，最終被賢德的湯推翻。湯建立了商朝。

湯在推翻夏桀之前已頗得民心。有一天，湯在野外見到一個人張開四面網捕鳥，口中唸唸有辭禱告上天：“天上飛的，地上跑的，四面八方來的，全部都落入網內！”湯前去對那人說：“這太殘忍了！您這樣捕鳥，所有的鳥兒無一漏網，會把鳥捕光的。”說罷湯動手去除了三面網，向上天禱告：“鳥兒呀，你們想飛往左就飛左，想飛往右就飛右；不願意活下去的就跑進這網裏來吧。”

百姓和其他部落首領聽說這事情之後，大為感動，認為湯對鳥獸都那麼仁厚，對百姓一定慈愛。隨即有四十個部族歸附了湯，湯最終成功地推翻夏而建立商。

“網開三面”不知何故變成“網開一面”，並且流傳至今。

滿天星斗

甲："怎麼臉色這麼難看？"

乙："剛才滑了一跤，跌得我**滿天星斗**！"

——————————————————————————————————

曾經有報紙把"升斗市民"誤寫為"星斗市民"。"升斗"均是古代量器，而"星斗"則指天上繁星，兩詞完全不同。小市民多如天上繁星，或許像"星斗"，但語言上只能用"升斗市民"，相沿習用如此。

"斗"是量器，但"斗"也泛指星星。"斗"是北斗星。《詩經·小雅·大東》："維南有箕，不可以簸揚。維北有斗，不可以挹酒漿。"意思是說南方有箕星，但它不可以篩米；北方有斗星，但它不可以舀取酒。

中國古代天文學發達，很多詞語與天上星星的"斗"有關，例如"斗牛"指斗星和牛星，"斗宿"指南斗六星，"斗極"指北斗星和南極星，"斗山"指北斗星和泰山等等。

可堪注意的是"斗衡"，意思並不是用量器的斗來衡量，是指北斗的第五顆星，名玉衡星。

唐代著名詩人杜牧有寫星斗的名句，〈華清宮三十韻〉："雷霆馳號令，星斗煥文章。"形容文采華美，好像天上星星也幫了忙。

"滿天星斗"，天空上佈滿星星，十分美麗。可是如果事情多如滿天星斗，又雜亂又數不清，整理無從入手，就會把人弄得"頭大如斗"，那是量器的"斗"。

很多人都有這樣的體驗：暈眩的感覺就好像無數星星圍頭腦轉，"滿天星斗"十分傳神。

對牛彈琴

妻：　"看看我這燒牛尾，是法國名廚巴丹的食譜，用好的紅酒，意大利波森墨醋，蒔蘿要新鮮，先炸一下。還有，為了買那些小洋蔥我跑遍了港九……"

夫：　"老婆大人，知道你花了很多心思，不過你只是**對牛彈琴**，我現在很餓，只想吃，不想聽。"

外行人或者不懂箇中之道的人講道理，往往白費功夫，對方根本不會明白，無異對牛彈琴，牛又怎懂得音樂呢？語出於漢代牟融《理惑論》的一個故事，《牟子理惑論》則載於梁代僧佑編彙的《弘明集》：

公明儀是春秋時期魯國一位著名音樂家，精通音律，擅於彈琴，但他不輕易為人彈奏。一天公明儀在草地上見到一隻牛，他就坐在牛的旁邊彈起琴來。那牛好像完全聽不到美妙琴音，自顧在地上吃草；公明儀以為牛是耳聾的。過了一會，他見到一隻牛虻飛到牛的頭上，還未碰到牛頭，牛聽到嗡嗡的微弱聲音，就用牛尾把牛虻趕走了。又過了一會，遠處來了一頭小牛，小牛輕輕叫了一聲，老牛就立刻起來跑到小牛身邊去。公明儀這時才明白牛並不是聾子，只是不懂琴音，沒有反應而已。這就是所謂"對牛彈琴，不入牛耳。"

"對牛彈琴"最初不但沒有低貶牛的意思，反而是諷刺彈琴的人找錯了對象，難怪對方沒有反應。後來才被用作低貶對方。比如說："你這人不講道理，和你討論真是對牛彈琴！"

此外也有人引申為自謙之語，例如說："我對藝術完全不懂，人家請我聽音樂，只是對牛彈琴而已。"雖自謙，但沒有自貶。

綠帽

甲： "原來小陳在辦離婚，難怪近來見他情緒那麼壞。我們也要勸勸
他不要一時衝動。"

乙： "他不是一時衝動的。妻子早已經和別的男人相好了。一個男人
怎能忍受這樣戴**綠帽**呢？"

妻子"紅杏出牆"偷漢子，丈夫會被人譏為"戴綠帽"。在注
重女子貞節的男性主導社會，妻子不忠是男子最不能忍受
的侮辱。

"綠帽"來自綠頭巾，中國人似乎一向對綠色沒有好感。綠頭
巾源於漢代，當時人民分等，賤民最為低下，他們都要戴上綠頭
巾為標記。此俗沿襲至唐代，一個人犯了罪，官府可以不加杖罰，
但會罰他裹上綠頭巾遊街，這是極大的羞辱，也是刑罰的一種。
元、明以後，綠色又成為風月場所的特有顏色，娼妓的窗是綠色
的，故稱為"綠窗"。在妓館及樂人館靠妓女謀生的男子都裹上綠
頭巾，以資識別。廣東俗話稱這種男子為"龜公"。

因此，戴綠頭巾或綠帽就成了妻子不忠的形容詞；妻子"紅
杏出牆"的男子，有時也被人諷刺為"龜公"。

盡信書不如無書

甲：“我要翻譯這幾個名詞，查了所有詞典都查不到。”

乙：“世界變得那麼快，新名詞又怎會在舊詞典查到呢？古語有云：
盡信書不如無書！”

甲：“這句古語不是這樣解釋吧！”

“**盡**信書不如無書”出自孟子的一個故事。

《尚書・武成》記載了周武王討伐商紂王的時候，生靈塗炭，死了許多人，書中形容為“血流漂杵”。“杵”是木柱，戰爭所流之血浮起木柱，可以想像情況之殘酷了。

可是後來孟子認為《尚書》誇大，流血量無論怎樣大，也不至於木柱漂浮，這不合情理。語出《孟子・盡心》：“盡信書，不如無書。”

孟子所說“盡信書不如無書”指的是《尚書》，後來才泛指一般的書，表示人在認識事物的時候，須兼用常理，不能死板拘泥於書本知識。

銷魂

甲：　"新來的秘書柳小姐天天打扮得花枝招展，十分風騷！"

乙：　"所以同事背後給她取了個綽號叫'**銷魂**柳'嘛！"

在廣東話，"銷魂"常常用來形容女子嬌俏的容貌和神態，並且帶有妖媚的意味。女子的媚態使男子神魂顛倒，謂之銷魂蝕骨。其實"銷魂"一詞最初的用法並非如此。

"銷"，熔化、減損的意思。"銷魂"，即人為情所惑，好像魂魄離散一樣，最早出於南朝才子江淹〈別賦〉的名句："黯然銷魂者，惟別而已矣。"這是形容與相愛的人離別之神傷，與女子媚態本無關係。

到了唐代，"銷魂"被用於形容男女之間的風流快活，原先多用於風月場所。元代俞焯的《詩詞餘話》記載才子詹天游的故事：

詹天游生性風流，一天在妓院見到名妓粉兒，驚為天人，於是填了一首詞，內中有句："白藕香中見西子，玉梅花下遇昭君，不曾真箇也銷魂。"

元代史達祖在他的戲曲裏曾寫到別人問他為何不樂，他説："定知我無魂可銷。""銷魂"一詞漸被用以表示男女相聚之情。

今天用"銷魂"來形容女子嬌媚，大概男女相聚之情一脈相承。

醉翁之意不在酒

甲：“陳大文一向一毛不拔，怎麼這回週年慈善晚會捐出那麼大的獎品？”

乙：“你還不知道？他在追求負責籌集獎品的瑪莉亞小姐，**醉翁之意不在酒**！”

“醉翁之意不在酒”，語出宋代大文豪歐陽修《醉翁亭記》。歐陽修是江西盧陵人，字永叔，別號醉翁。他在這篇文章中形容自己“飲少輒醉，而年又最高，故自號曰醉翁。”

《醉翁亭記》是一篇著名的古典散文，《古文評註》、《古文觀止》或各種版本的歷代文選都有收錄，香港中學教科書更列為課文。

醉翁亭在今安徽省滁縣縣城西南的瑯琊山。那兒風景秀麗，山上有亭，據說是一位名叫智仙的和尚所建，亭旁還有一口“釀泉”。歐陽修任滁州太守的時候，很喜歡和朋友到此遊玩，吟詩喝酒。歐陽修自號“醉翁”，也就把這亭子命名為“醉翁亭”。

歐陽修既無酒量，少飲即醉，但仍喜歡在此間喝酒，他在文章中解釋說：“醉翁之意不在酒，在乎山水之間也；山水之樂，得之心而寓之酒也。”

“醉翁之意不在酒”，歐陽修的原意並非壞事，但後人引用來形容人表面上做一些事，其實背後另有目的謂“醉翁之意”，有時就添了負面的意味。

撩

甲："今天早上我誇了一下秘書小姐打扮漂亮，人又漂亮，她很開心！"

乙："不要整天逗（**撩**）女孩子，用心工作吧！"

"撩"（陽平聲），在廣東話裏有不同的用法。例如：

"撩女仔"，挑逗或用輕佻的語言侵犯女士。

"撩交嗌"、"撩事鬥非"，藉口挑起爭吵。

"撩起把火"，惹起怒氣。

"撩佢參加聚會"，招引他來參加聚會。

聽起來都是現代廣東口語，其實"撩"乃古詞，語出有典。

"撩"作招引、挑逗解，出於北周詩人庾信〈結客少年場行〉詩句："歌撩李都尉，果擲潘河陽。"李都尉是漢代著名的音樂家李延年，潘河陽就是晉代美男子潘岳，亦即潘安。"歌撩李都尉"，就是歌女以歌來挑逗李延年。

"撩"粵音也可讀陰上聲，是挑起或撥的意思，可以是抽象的，也可以是實際的動作，例如說東西掉進水裏，可以用長竹把它"撩"上來。《北齊書·陸法和傳》有句子："凡人取果，宜待熟時，不撩自落。"

《太平御覽·廣五行記》也有句云："意欲垂釣往撩取，恐是蛟龍還復休。"他本來要去"撩"捕水裏的魚蝦，但又怕錯"撩"蛟龍就不得了，因此作罷。這裏的"撩"是撈的意思。

數

甲：　"小王最近常常對人説你怎樣對他不好，説你為人沒良心。"

乙：　"豈有此理！他幹了不少壞事，我也沒向人提過，我不**數**落他，他居然**數**落我？"

"**數**"在這裏作動詞用，粵音讀陰上聲，基本解作數算，也可作數落。

數落就是帶有貶意地描述別人的過錯或不是之處。再通俗些，數落的"數"，在粵語可以説成"唱"，例如説"唱佢"，或者是"唱衰佢"，即是公開數落他。

"數"作數落解，本來是羅列的意思，語出《左傳‧昭公二年》："使吏數之。"就是叫官吏羅列出該人的罪狀。

"數落"必然是帶有貶意的，但"數"本身也可以是讚美的，"數一數二"的人，就是出類拔萃。明代馮夢龍改編湯顯祖元曲《風流夢》，一個廣東秀才自白："我柳春卿在廣州學裏，也是數一數二的秀才。"

阿東．

賣豬仔

甲：「明天的郊遊野餐，是你叫我一起參加的，我還自告奮勇負責甜品水果，現在你自己不去，出賣我（**賣我豬仔**）？」

清末，廣東珠江三角洲窮鄉生活艱難，不少男子不惜離鄉背井到海外謀生，例如到美國和加拿大當鐵路華工。有些出洋的華工知道到外國是做艱苦危險的勞役工作，也有是受中介公司誘惑，以為工資高，熬過幾年即可衣錦還鄉。

出洋的華工大多經中介人或中介公司簽訂契約，安排出國，到目的地後像奴隸一樣，被看管在惡劣的環境下工作。販運華工的生意，稱為"賣豬仔"。

清代徐珂《清稗類鈔·豬仔之婚姻》提到："粵東有被人販賣至外國為苦工者曰'豬仔'。"

引申俗語，被人誘惑或誤導，不知就裏而答應，可以說是被人"賣豬仔"。

盤

甲：“聽說小陳談戀愛成功，我們要他請吃飯慶祝，他卻不承認！”

乙：“你們跟他不夠交情，待我**盤**問他一下（**盤**吓佢）！”

"盤"有多種意思，其中一義是查問、查點。廣東話說"盤吓佢"，盤問之意，日常生活上極少用，因為有點像黑道中人的說話。

警察對嫌疑人物訊問，俗話說"盤"，黑道中人要套取或逼問知情人，也會說"盤"。其實"盤"只是簡化了，完整的用語是盤問、盤詰、盤查。"盤佢"，是"盤問他"或"盤查他"的意思。

盤詰，見於《水滸傳》三十二回，武松殺嫂之後，"到處雖有榜文，武松已自做了行者，於路上卻沒人盤詰他。"

盤問、盤詰、盤查，都是反覆追問的意思，所以警察"盤"疑犯，一點兒也不粗俗。

撇

甲：“你有沒有發覺小王最近終日愁眉苦臉，工作經常出錯？”

乙：“聽説他被女朋友甩（**撇**）了，變得心神恍惚，有機會我們都要勸他想開些！”

述男子被女朋友拋棄了，普通話説被“甩”（唸 shuai），粵語俗話則説被“撇甩”（“甩”唸 lat·陰平聲）。“撇”是拋開，“甩”是斷掉的意思。

“撇開呢一點先唔講住”，即暫且先拋開這一點不談論。

“撇”是一個相當古老的字，不但不俗，還常見於文學作品。古代“撇”與“擎”相通，有四種意思，即擊、拂、寫字的一種筆畫，以及丟棄、拋棄。

漢代司馬相如《長門賦》：“歷倒景而絕飛梁兮，浮蠛蠓而撇天。”蠛蠓是一些很小的飛蟲，意思是這些小飛蟲在天空拂過。

宋代陳德武著有《白雪遺音》，其詞《沁園春·舟中雨夜》云：“怎撇下，這兩字相思，萬里虛名。”《水滸傳》第三回：“魯智深雖然酒醉，卻認得是長老，撇了棒，向前來打個問訊。”兩處都是指拋開。

作為寫字筆畫點、橫、直、撇的“撇”，廣東人有一句很傳神的比喻：“十畫未有一撇。”意思指事情才剛醞釀，距離成功還差太遠。

從香港一些電影 看到匪徒作案還未得手，誰知警察來了，匪首一聲號令：“撇啦！”眾匪立刻逃走。這“撇”字常被誤解為走、散或逃，但原本應該是拋棄，即放棄不繼續作案。由於這一誤解，日常生活中朋友聚會完畢散局，也有人會説“撇啦！”即是“走吧”。

撈鬆・老友

妻： "你説今晚有老朋友來吃飯，誰啊？"

夫： "就是我們常常光顧的上海雜貨舖那個上海夥計（**撈鬆**佬），他單身在香港，我們也只有兩個人，過節叫他來吃頓飯，熱鬧些！"

廣東俗語 "老友" 有兩個含義，其一是老朋友、好朋友、情投意合的朋友，很多時還多加一字，稱為 "老友記"。

其二是對別人客氣的稱謂。例如在街上向不相識的男性問路説： "老友，請問去大會堂怎樣走呢？"

《宋史・蔡元定傳》記載了一個關於朱熹的故事： "熹扣其學，大驚曰：'此吾老友也，不當在弟子列。'" 意思是朱熹是我的老朋友，怎能做我的學生呢？可見 "老友" 一詞，自古沿用。

上述語境對白中，上海雜貨店的夥計 "撈鬆佬"，指的是上海人，此詞真是地道香港俗語。 "撈鬆" 其實是 "老兄"。

"老兄" 是對同輩的敬稱。《宋書・劉敬宣傳》： "敬宣懼禍及，以告高祖。高祖笑曰：但令老兄平安，必無過慮。"

上世紀五十年代初，有不少上海人南遷香港。粵語和上海話互不相通，香港的廣東人和上海人有語言和文化的隔閡。例如初來乍到的上海人問路： "老兄，請問去大會堂怎樣走呢？" 廣東人聽不懂上海話， "老兄" 聽似 "撈鬆"，於是把這些上海人稱為 "撈鬆佬"。五、六十年代香港人更簡單地把不懂粵語的外省人，都稱為 "撈鬆"。

因此，香港出現了本地人和外省人的文化衝擊與融和，這可體現在六、七十年代流行一時，以 "南北和" 為主題的電影。當年有不少上海家族和薄有資產的上海人遷到香港，典型的電影主線是上海少爺愛上本地窮家廣東少女，上海媽媽從中作梗；或者是上海包租婆欺負窮困的本地租客；也有是相鄰的廣東家庭和上海家庭不斷鬥法。電影的結尾總是大家達成諒解，互相道歉，從此相親相敬，皆大歡喜。

到現在，香港的年青人很少知道甚麼是"撈鬆"，上海"老兄"也習慣了說"老友記"，這兩個名詞說明了一段很有意義的文化融和歷程。

撐

甲："恭喜你得獎，明天的頒獎禮，我已經約好所有同事朋友去捧場！"

乙："拿獎事小，你們這些老朋友肯捧我場（幫我**撐**場），那才是最開心！"

在 香港報刊偶然會讀到以下的娛樂新聞標題：

"某某受負面新聞困擾，但舊愛某某仍力撐他是好人！"

"某某演唱會爆滿，眾歌星齊來撐場！"

"撐"是支持，但比支持更為形神俱備。"撐"本來有抵住的意思，例如一道老牆可能倒塌，須用支架"撐"以加固。

古代"撐"、"掌"和"撑"三字互通，"撐"是一個十分古雅的字。

漢代司馬相如〈長門賦〉："羅丰茸之遊樹兮，離樓梧而相撐。"

李白《李太白詩》中〈下涇縣陵陽溪至澀灘〉詩云："漁子與舟人，撐折萬張篙。"這裏的意思是船在淺湖或內河，船夫篙行船。由於水淺，船夫把長篙抵住水底用力往後，借力推動浮在水面的船。

香港從前是個漁村，今天仍有漁民和艇戶，小舢舨還是水上交通工具之一。港海水深，舢舨是搖櫓的，理論上應該叫做"搖船"或"搖艇"，但水上人家都習慣說"撐艇"或"撐船"，有點兒奇怪。

另外一個頗有趣的俗語"撐檯腳"，說的是相悅或相愛的人對坐享受二人世界的酒食，多用於戀愛中的男女或恩愛夫妻。兩個老朋友相約共聚吃飯聊天，"撐吓檯腳"也未為不可。

學富五車

子："嘻！媽媽，我同學有五輛自行車，那算不算**學富五車**呢？"
母："胡說！別顧左右而言他，做功課去！"

古代在紙未發明之前，文字是寫在竹簡上的。竹簡是薄薄的竹片，雖然不像我們想像中之厚，但一片竹簡寫不了多少文字，一本書要用上無數竹簡，那就十分厚重了。

"學富五車"典出於《莊子·天下》，莊子讚美惠施學識淵博，像肚裏裝有很多書："惠施多方，其書五車。"要用五輛車來載，書當然極多。當時指的是竹書，"五車"已是不得了，換了今天紙印的書，五車之多就不能想像了。

讚美別人的文才，"才高八斗"、"學富五車"兩典常連用，其實當中是有分別的。"才高八斗"形容的是才氣，是天生的智慧；"學富五車"指的是學問，乃後天的功夫。

阿東.

雞肋

妻："我們公司週年聚餐，我抽到頭獎，機票一張，可以去旅行啦！
夫："只有一張機票，還要多買一張才可以兩個人去，又要訂酒店，加起來比參加旅行團還要貴。**雞肋**而已！"

"雞肋"是雞的胸骨，食之無肉，棄之又可惜，比喻人遇到進退維谷，難以下決定，而最後還是要惋惜地放棄。

"雞肋"的故事出於《三國志·魏武帝紀》：建安二十四年曹操攻漢中，屢不能勝，正在思量退兵。此時有士兵問當日口令，曹操答："雞肋！"曹操手下的楊修一聽口令，立即返回帳中收拾行裝。軍中其他人問其原因，楊修說："夫雞肋，棄之如可惜，食之無所得，以比漢中，知王欲還也。"楊修由口令猜得曹操欲退兵之意。

"雞肋"食之無味，棄之可惜的用法，讀者一定十分熟悉，但另一個"雞肋"的有趣故事則較少為人所知。《晉書·劉伶傳》記載，一天劉伶醉酒，與人吵鬧起來，對方舉起拳頭要打他，劉伶不慌不忙說："雞肋不足以安尊拳。"即是說"我胸瘦得像雞肋骨，不足以放下你的拳頭。"果然，要打劉伶的人笑而作罷。

願者上釣

甲女：　"今天小陳終於捨得掏錢買了那個皮包給我！"

乙女：　"那個皮包差不多要他兩個月的薪水！"

甲女：　"管他！**願者上釣**。"

"**願**者上釣"是自願的意思，全句是"姜太公釣魚，願者上釣。"

姜太公，即呂尚，字子牙，又稱太公望，是一位出色的政治家和軍事家，周朝最重要的人物，也是周文王和周武王的老師。《史記》記載公元前十一世紀，西伯昌率領周人攻下多個國家，建都於豐邑。西伯昌就是後來的周文王，他廣納賢士，拜姜太公為師，成為文王重臣。周文王死，武王繼位，姜太公輔政，武王也尊他為師。周武王成功討伐暴虐的紂王，取代商朝而建立周朝，姜太公是大功臣。

姜太公是中國歷史上的傳奇人物，民間神話和小説流傳他的故事很多，"願者上釣"出自其中一則傳説。據説姜太公在渭水之濱釣魚，人家看見他用的魚鈎竟然是直的，而且不放魚餌，怪而問之。姜太公説："做事不要勉強別人，自願上釣的魚兒，我方取之。"這故事衍生了歇後語"姜太公釣魚——願者上釣"，指當事人出於自願。

姜太公另有一個故事也被發展為歇後語。傳説姜太公盡心盡力輔助周文王奠定基業，為周文王草擬分封功臣的名單，自己卻不列於名單之內。故事後來衍生了兩句語意稍有不同的廣東話歇後語：

"姜太公封臣——封人唔封自己"（廣東話"唔"即"不"的意思），意思謂以公為重，即使有功勞亦不願領個人酬報。

"姜太公封臣——封人唔記得封自己"，意思謂公而忘私，忘記了自己應得的酬報。

蹺蹊 · 蹊蹺

妻： "鄰居王先生說，他母親被侄兒騙了十幾萬，說是替她投資，現在人都不見了。"

夫： "怪不得，前一陣我見到有個年輕人陪王老太來過我們銀行幾次，都是提款。王老太平日不出門，我早就覺得有些**蹊蹺**了。"

"蹊蹺"，奇怪可疑的意思。宋代黎靖德編彙《朱子語類·論語》："仁者之過，只是理會事錯了，無甚蹊蹺。"說的是仁者犯過，原因都是理解錯誤，內中沒有甚麼可疑的地方。

明代脈望館抄校《古今雜劇》中，收錄元代關漢卿《蝴蝶夢》："仔細尋思，兩回三次，這場蹊蹺事，走的我氣咽聲絲，恨不得兩肋生雙翅。""蹊蹺事"就是暗藏玄機的可疑事。

廣東話不說"蹊蹺"，而說"蹺蹊"。"蹺"粵音唸"橋"的陰平聲，"蹊"則與"溪"同音，但廣東口語的"蹊"音變為"奇"的陰平聲；"蹺蹊"唸起來像英語兩字母"Q K"的發音。

其實"蹺蹊"與"蹊蹺"兩詞同義，元曲均有出現。元代王實甫《西廂記》："有這般蹺蹊的事！"

又見《古今雜劇》收錄元代岳伯川《鐵拐李》："這廝說話，有些蹺蹊，你是甚麼人？"

懵

甲："為甚麼老李突然被開除得？"

乙："不是突然的！我們還以為老闆**懵**懂，原來那麼精明。老李虧空很久了，老闆最近悄悄把賬單留底，一對就知老李在賬簿上做手腳，一點都不糊塗！"

廣東口語罵不明事理，做事超乎常理，除了"癲"、"痴"、"傻"之外，也有用"懵"字，而"懵"的程度輕度，通常只是形容一個人不明白事情，不懂道理，不夠精明。

南朝宋謝希逸《文選・月賦》："昧道懵學，孤奉明恩。"《弘明集》卷十《馬元和答釋法雲與王公朝貴書》："弟子庸乏，懵於至道。"這裏的"懵"是愚鈍不懂的意思。

唐代白居易《長慶集》二八《與元九書》："除讀書屬文外，其他懵然無知。"說的是這個書呆子，除讀書之外甚麼都不知道。

廣東人形容一個人糊塗，不辨事非為"懵懂"。一個人老了，變得糊塗，會被譏為"老懵懂"。其實"懵懂"一詞頗為文雅，語出宋代僧人重顯《祖英集》下《風幡競辨》："如今懵懂痴禪和，謾道玄玄為獨腳。"另宋代許月卿《先天集》八《上程丞相元鳳書》："人望頓輕，明主增唷，懵董之號，道傍揶揄。""懵懂"與"懵憧"、"懵董"相通。

此外，明代郭勳《雍熙樂府》輯錄元代汪元亨《醉太平》曲中有句："且達時知務暗包籠，權粧箇懵懂。"用現在的廣東俗語，可謂"詐懵"！

躉

甲："明天巨星杯網球總決賽，你們一定要來助陣給我打氣呀！"
眾友："我們是你的忠實支持者（擁**躉**），豈有不捧場之理？"

東話日常用語中的"躉"，與"墩"相近，即土堆、基座、厚墊等，是穩重的基礎。

"躉"並非俗字，清代已廣為應用，而且還另有兩種意思。

其一是商業用語，即整批、大批，與零散相對。清代曹寅上奏的《抽運賑米到淮情形摺》："漕臣桑格嚴行戒諭，載米到彼，止許升斗零星糶與貧民，不許求速躉售。"躉售，即整批出售；賑濟米必須零售給貧民，不能大批出售，讓商家囤積。

其二，"躉"是度量衡單位。清代梁廷枏《夷氛紀聞》："每千六百八十斤為一躉，約三百為一船，故名躉船。"《辭海》解釋，"躉船"是"停大舟岸旁，以備他舟往來行旅上下及囤積貨物的船。"

在香港，穿梭大貨船與碼頭之間，裝貨卸貨的船隻稱為"躉船"。每逢新年或特別慶典，維多利亞海上璀璨的煙花（煙火），也就是在"躉船"上燒放的。"躉船"之名，沿於清代。

香港粵語用"躉"字，很多神來之筆。

"監躉"，是被判長期徒刑的囚犯，比喻這個人在監獄裏像墩石一樣，不能離開。

"龍躉"，是上百斤石斑類的魚，大得像墩一樣幾乎不能動的魚。

"打躉"，是固定在某地方消磨時間。例如說："你要見某人，下午茶時間到某茶餐廳，定能找到他，他每日下午都在那兒打躉！"

"擁躉"，死心塌地的擁護者、支持者。這是上世紀五十年代《星島晚報》總編輯陳夢因以"大天二"為筆名撰寫的足球專欄《水皮漫筆》所創。當年香港足球迷各有自己擁護的球隊，"南華"、"星島"、"九巴"、"東昇"、"愉園"、"傑志"等等各有支持者，陳夢因稱之為"擁躉"。

顧左右而言他

母： "誰不問自取，吃了桌上的蛋糕？"

兒： "媽媽，今天老師上課講了個故事……"

母： "我問誰偷吃蛋糕，你就**顧左右而言他**，看看你臉上的奶油就知道了！"

"顧左右而言他"語出《孟子·梁惠王》，篇中記載孟子和齊宣王之間的一個故事：

孟子在齊國，經常用比喻來勸諫齊宣王。一次孟子對齊宣王說："有一個人要到楚國去，把妻兒交託給一位朋友，請其照顧。這人從楚國回家時，發現妻兒一直在捱飢受凍，朋友對答應過的事根本沒有盡責任。大王，您認為該怎麼辦呢？"齊宣王答說："與這朋友絕交！"孟子又說："負責執法和掌管刑罰的官員連自己的屬下也管束不了，又該怎麼辦呢？"齊宣王說："該撤了他的職！"最後孟子說："全國上下政事敗亂，人民不能安居樂業，那又怎樣辦呢？"這時齊宣王"顧左右而言他"了。

孟子一步一步的引出主題，齊宣王明白孟子是說他作為君王沒有盡職，就顧盼左右，把話題岔往別處。當我們說到一個話題，當事人心裏明白，卻想逃避而岔開話題，也就是"顧左右而言他"。

糴米

夫：“今晚不要等我吃飯，要加班，可能到半夜才回來。”

妻：“你每晚熬夜，我好擔心你的健康，我們還不至於沒有錢買米（糴米），寧可省點家用，也不想你這麼辛苦。”

今天香港大多數家庭都是到超級市場買包裝米，但上世紀七十年代之前，香港人都光顧米舖。家庭主婦定時向米舖訂購，米舖派夥計送米到府。買米或訂購米，廣東人說“糴米”，這是一個十分古老的詞。現代人不再“糴米”，但“糴米”仍然常用，象徵最基本的糊口所需。

糴（音笛）即買入穀物。《左傳·隱公六年》：“冬京師來告饑，公為之請糴於宋衛齊鄭。”又於《左傳·莊公二十八年》：“冬饑，臧孫辰告糴於齊。”

中國文字很有意思，“糴”字左邊由“入”“米”兩字組成，即購入穀米。相對的是“糶”（音眺），字邊由“出”“米”兩字組成，即賣出穀物。《史記·貨殖列傳》（一二九卷）：“夫糶，二十病農（農夫），九十病末（商人），末病則財不出，農病則草不辟矣。”

“糴糶”，“入米”“出米”，就是買賣米糧。

變卦、女大十八變

甲：　"王先生，我們已經把合約準備好，請您過目簽字付訂金，我們
　　　下個月會準時送貨。"

乙：　"對不起啦！我們老闆說要重新考慮，遲一點再決定！"

甲：　"那怎麼成！雖然還沒簽合約，但大家都講好了，我們工廠已經
　　　開工，你們臨時**變卦**，太不講信用了！"

改變原有的主意稱為"變卦"；"變卦"原與占卦有關。中國古代的人常用《周易》占卦，根據當事人所問之事，由八組卦的符號組合成六十四個不同卦象，即可解釋事情的發展，預測未來。

"卦"指《易經》的卦，陰陽排列基本共有八組，稱為"八卦"。（參見"八卦"條目）

所謂"太極生兩儀，兩儀生四象，四象生八卦。"八卦以兩卦相疊組合，排出六十四卦。占卦時最後的卦未排出，尚有變數。

卜卦當中所起的變化，稱為"變卦"。

八卦組合的卦象變化多端，並且要依當事人和事作不同的解釋，正如《易經》所說："十有八變而成卦"。最後的卦未占出之前，變化莫測，不知最終的卦象如何。因此後人形容人做事中途突然改變主意為"變卦"，最為人熟悉者莫如《西廂記》的崔夫人，原先答應把崔鶯鶯嫁給張君瑞，後來反悔，崔鶯鶯就抱怨母親說："娘親變了卦！"

卦象變化多端，因此又被用以形容變化莫測的事情。"十有八變而成卦"，簡化為"十八變"。例如說："黃梅天時十八變！"表示晴雨不可預測。形容少女在成長階段無論容貌或情懷都不斷在變，可以說是"女大十八變"。這些用法就與占卦無關了。

蠱惑

甲："這張合約，經紀陳説沒有問題，但我還是有些擔心 …… 裏面有
幾條含含糊糊，好像不是他講的那樣子 …… "

乙："經紀陳？你一定要小心，他這個人那麼**蠱惑**，小心為上！"

"**蠱**惑"在廣東話裏主要形容人心懷詭計，以不誠實的方式
處理事情。

"蠱"是一種毒蟲，相傳生於人的肚子裏，隨時發作，甚至置
人於死地。《説文》解釋："蠱，腹中之蟲也。"

近代有傳説謂南洋一帶的巫人懂蠱術，俗稱"落降頭"，就是
施法術把毒蟲放到一個人的肚子 ，從此這人就得聽命於下蠱者；
如果不聽指揮，下蠱的人隨時可以作法，他肚內的蠱蟲作怪，痛
苦不堪，以至死亡。這種蠱術，早在《文選》已有記載。

"蠱"作動詞解，是誘惑的意思，並非指人的肚內有蠱蟲。此
詞最早見於古書《爾雅·釋詁》："蠱，諂，貳，疑也。"即迷惑、
毒害、作弄、懷疑別人的意思。

"蠱惑"在廣東話裏不是一個正面的形容詞。"鬼鬼祟祟"，
廣東話可以説"蠱蠱惑惑"。黑社會內部有暗中背叛的分子，稱為
"蠱惑仔"。

所以，我們寧可被人家形容為足智多謀，也不要被人視為蠱
惑！

攪

父：“你拿走我那桶漆油幹甚麼？”

子：“我幫你油漆呀！”

父：“幫我？你不在這兒搗亂（**攪攪**震），我就多謝了！”

“攪”字在普通話裏有兩個讀音，一是 gao，另一是 jiao，均讀上聲。粵語則只有一個讀音，與“搞”字同音。“攪”在廣東話的用處變化多端，例如：

“攪勻”，攪拌至均勻。

“攪攪震”，胡來亂作，搗蛋。

“攪是非”，撥弄是非。

“攪亂”，弄亂了，也可以用作破壞的意思。引申有“攪亂檔”，“攪到七國咁亂”。

“打攪”和“滾攪”都是叨擾的意思。

帶點不雅的有“攪屎棍”，即故意挑撥，或故意挑起一些負面事情。

“攪”引出的俗語不少，但其字一點都不俗，最早見於《詩經》，本來是擾亂的意思。《詩經·小雅》有句：“胡逝我梁，祇攪我心。”意思是問誰人在橋前走來走去，攪亂我的心思。

“攪”的另一意思就是攪拌，也語出古典。唐代張彥遠《歷代名畫記》：“凡煮糊必去筋，稀緩得所，攪之不停，自然調熟。”這是攪漿糊的方法。所以，現在我們常用“食物攪拌器”，“攪”字就十分傳神了。

癲

甲："老闆今天脾氣不好，小心些，不招惹為上策。"

乙："你說得對，他的秘書倒霉，一大早已經被他發瘋似的（發**癲**一樣）大罵一番！"

廣 東話形容別人神經不正常，有時會用"癲"，有時會用"傻"，有時會用"痴"。

"癲"、"痴"、"傻"有時可以互用，實際上是稍有不同的。

"癲"原本是一種病症。根據古代醫書《黃帝內經・靈樞經》的〈邪氣臟府病形〉界定："肺脈急甚為癲疾。""癲"是神經錯亂，言行失常的病。其他古代醫書也有描述癲疾，症狀是吃睡不常，自以為聰明，不理會別人，常常無故大笑或唱歌，有時看起來很快樂，有時又不快樂，甚至兩眼直視，像今天所說的神經病。

後來"癲"被借用來形容人的行為怪誕，不同常人，例如通俗小說裏的"癲和尚"濟公，並不是指這和尚有神經病。

廣東話稱神經錯亂的人做"癲佬"（或"癲婆"），有時與"傻佬"互用，但當中也有很微細的分別。只是行為錯亂，例如傻笑、胡言亂語、吃垃圾之類，但沒有傷害別人的，通常會被稱為"傻佬"。眾坊對"傻佬"通常頗同情，會容忍甚至照顧。精神錯亂至有暴力行為，例如會騷擾途人，發病時甚至會用武器傷人的，通常被稱為"癲佬"，人會提防，避之則吉。

在香港，對於一些人想法和行為不按常理，或者有點神經質，也可以說這人"癲癲哋"，這就不是指神經錯亂。同樣道理，如果某人借題發揮無理取鬧，也可以形容為"發癲"。